Skudlarek | Wahrheit und Verschwörung

Jan Skudlarek, geb. 1986, promovierter Philosoph, lebt in Berlin. Er wurde besonders als Lyriker bekannt, aber auch durch sein Buch *Der Aufstieg des Mittelfingers. Warum die Beleidigung heute zum guten Ton gehört* (2017).

Skudlarek twittert unter #VerschwörungUndWahrheit zu seinen Buchthemen.

Jan Skudlarek

Wahrheit und Verschwörung

Wie wir erkennen, was echt und wirklich ist

Reclam

2019 Philipp Reclam jun. Verlag GmbH,
Siemensstraße 32, 71254 Ditzingen
Druck und buchbinderische Verarbeitung: GGP Media GmbH,
Karl-Marx-Straße 24, 07381 Pößneck
Printed in Germany 2019
RECLAM ist eine eingetragene Marke
der Philipp Reclam jun. GmbH & Co. KG, Stuttgart
ISBN 978-3-15-011199-4

Auch als E-Book erhältlich

www.reclam.de

Inhalt

»Erklärungen gibt es und hat es seit ewigen Zeiten gegeben;
stets weiß man für jedes menschliche Problem eine Lösung –
sauber, einleuchtend, und falsch.«

Henry Louis Mencken

»Zwei mal drei macht vier,
widewidewitt und drei macht neune,
ich mach mir die Welt,
widewidewie sie mir gefällt.«

Pippi Langstrumpf

»Glaube nicht alles, was du im Internet liest.«

Ludwig Wittgenstein

Die Wahrheit über das letzte Nudelsieb

Berlin. Es ist das Jahr 2089. Ein Nuklearkrieg hat die Menschheit tragischerweise vernichtet. Alles ist in Schutt und Asche gelegt. Alles? Fast alles. Wie durch ein Wunder hat ein Nudelsieb (Edelstahl, Made in Germany) die Apokalypse halbwegs intakt überlebt. Einsam und verlassen liegt es in den Ruinen der ehemaligen Hauptstadt. Keine Menschenseele weit und breit. Es ist kalt. Staubig. Niemand macht mehr Nudeln.

Die Preisfrage dieses philosophischen Gedankenexperiments: Ist das, was da in den Ruinen liegt, überhaupt noch ein Nudelsieb? Aus unserer Perspektive: klar. Ein Nudelsieb ist ein Nudelsieb. Immer. Das Problem an der Sache: Uns hat niemand gefragt. Wie auch? Wir sind nach dem Weltuntergang ja gar nicht mehr da.

Das ist eine Tatsache.

Eine Tatsache ist allerdings auch: Objektiv betrachtet ist ein Nudelsieb nur ein Stück Metall mit Löchern. Oder verbirgt sich die Wahrheit etwa unter der Oberfläche? Gibt es eine Wahrheit jenseits der Beschreibung? Wann ist etwas tatsächlich genau so, wie es scheint? Gar nicht so einfach zu beantworten. Anscheinend.

Wir sehen: Die Frage nach Wahrheit und Unwahrheit betrifft selbst ein Stück löchriges Metall, Apokalypse hin oder her.

Das Nudelsieb-Gedankenexperiment stellt uns vor ganz grundlegende philosophische Fragen:

- Was ist Wahrheit?
- Wie beschreiben wir die Wirklichkeit?
- Hängt Sinn immer von der Perspektive ab?

Fest steht: Schon heute steht anscheinend nichts mehr fest. Wir brauchen gar keine Apokalypse, um in Schwierigkeiten bei der

Deutung der Welt zu geraten. Die Wahrheit steht Anfang des 21. Jahrhunderts wieder einmal unter Beschuss.

Oder scheint es nur so?

Die Meinungen gehen auseinander. Nicht primär die Meinungen über Nudelsiebe, aber über so ziemlich alles andere. Klimawandel, Migration, Visionen von Gegenwart und Zukunft. Was den einen als Fakt gilt, gilt den anderen als Verschwörungstheorie. Millionen Menschen fühlen sich von »den Medien« belogen, Millionen andere vom US-Präsidenten (oder der Bundeskanzlerin). Überall nur Lug und Trug und Unwahrheit. Vertrauen ist im 21. Jahrhundert ein knapper, wertvoller und entsprechend begehrter Rohstoff geworden.

Sie, lieber Leser, denken sich wahrscheinlich:

»Wahrheit? Nudelsiebe? Was hat das alles mit mir zu tun? Sollen die doch machen, was sie wollen. Sollen die Leute doch für wahr befinden, was sie wollen. Sollen sie lügen, dass sich die Balken biegen. Alternative Fakten sind doch auch irgendwie Fakten. Gefühlte Wahrheiten auch irgendwie Wahrheiten. Nicht wahr?«

Nein! Ich widerspreche!

Stattdessen vertrete ich eine steile These. Mehrere sogar. Sie lauten: Wahrheit gibt es. Echtheit auch. Es gibt bessere und schlechtere Beschreibungen der Wirklichkeit. Und Verschwörungstheorien sind unwahr, sind gemeingefährlicher Quatsch – Quatsch, den wir ein Stück weit zu glauben veranlagt sind, aber das macht die Sache nicht besser. Im Gegenteil!

Ich sage: Die Wirklichkeit bleibt nach wie vor erkennbar. Ich sage: Die Welt bleibt beschreibbar. Ich sage: Angemessen zu zweifeln kann man lernen.

Wer das Gegenteil behauptet, lügt.

Diagnose Wahrheitsschwund

Wenn jede Zeit ihre Diagnose hat, lautet die unsere wohl: Wahrheitsschwund. Die Gewissheiten vergangener Jahrhunderte lösen sich mit beeindruckender Geschwindigkeit auf – in einem antifaktischen Strudel aus Zweifeln, Un- und Halbwahrheiten. Das Vertrauen in Wissenschaft, Presse, Fakten und Experten ist heute überraschend fragil und vor allem überraschend *schnell* fragil geworden. Mit beängstigendem Tempo verlassen uns disziplinenübergreifend die Sicherheiten. Zumindest gefühlt.

Beispiele?

Gerne.

Beim Bau des Wiener Krankenhauses Nord kam es 2018 zu einem Eklat. Für fast 100 000 Euro war ein »Bewusstseinsforscher« engagiert worden, um das Gelände »energetisch zu reinigen«. Der Esoteriker – ein ehemaliger Autohändler – habe einen Schutzring um die Gebäude gelegt, »der verhindert, dass negative Energien des Umfelds Einfluss auf das Haus und die Menschen darin nehmen«.[1]

So ein Quatsch? Sicherlich. Aber kein Einzelfallquatsch.

In Deutschland wiederum wachsen laut Verfassungsschutzbericht der Einfluss und die Zahl der sogenannten Reichsbürger. Das sind Menschen, die die Bundesrepublik Deutschland anzweifeln (!), die Zahlung von Steuern verweigern, auf ihren Privatgrundstücken eigene Staatsgebiete ausrufen (!!) und sich nicht selten mit mehr oder weniger rechtsextremer Gesinnung bis an die Zähne bewaffnen (!!!). Ihre Zahl geht in die Zehntausende.

In die Millionen gehen die Wähler der sogenannten »Alternative für Deutschland« (AfD). Die vermeintlich gesteuerte Presselandschaft (»Lügenpresse«), ein angeblicher Bevölkerungsaustausch durch Migration (»Umvolkung«), die militante Leugnung des Klimawandels – die rechtsnationale Partei und ihre

Wähler bieten seit Jahren einer beeindruckenden Bandbreite von Verschwörungstheorien ein demokratisches Zuhause.[2]

Unsinn, für den man vor wenigen Jahren noch ausgelacht oder aus einer Partei geworfen wurde (oder man hat es wenigstens versucht, siehe Panikmacher Sarrazin), wird heute erschreckend selbstbewusst vertreten. Der Publikumsliebling und Hobbyverfassungsrechtler Xaiver Naidoo reimt »Volksvertreter« auf »Volksverräter«.

Der Schutzpatron der aggressiven Unwahrheit heißt natürlich: Donald Trump. Kaum ein anderer Politiker in der Geschichte hat jemals so viel dafür getan, Unsagbares und Unsägliches sagbar zu machen. Ob auf Twitter oder im Interview: Wahr ist für Trump stets nur das, was Trump persönlich für wahr erklärt. Alles andere ist, aus seiner Sicht, Lüge und Verschwörung. Wer ihm widerspricht, wird zum Verräter deklariert. Die Medien? »Der wahre Feind des Volkes«, so Trump. Wirklich kein einziger Monat des Jahres 2018 verging ohne Fake-News-Tweets des Präsidenten (in 500 Tagen an der Regierung soll er mehr als 3000 Mal die Unwahrheit gesagt haben).[3] Ein antifaktischer Wind weht durchs Weiße Haus.

Nicht nur die Liebe zum Antifaktischen ist ansteckend.

In Deutschland sind zwischen 2007 und 2017 etwa 190 000 Menschen an Krankheiten gestorben, gegen die man hätte impfen können.[4] Geradezu virulent ist die Zahl der selbsternannten »Impfgegner«. Viele von ihnen: Knallharte Anhänger von Verschwörungstheorien. Sie machen Experten zu korrupten Scharlatanen und die Wirksamkeit medizinischer Stoffe zur Glaubensfrage. Zwischen 2016 und 2017 verdreifachten sich die Masernfälle in der EU.[5] Im Januar 2019 erklärte die WHO Impfgegner zur globalen Bedrohung.[6]

Das Internet? Eine Echokammer der Konspiration. Auf YouTube raten medizinische Laien bei gefährlichen Krebsarten zur Rohkostdiät statt zu Chemotherapie. Kondensstreifen werden

© Hauck und Bauer

zu Giftangriffen (»Chemtrails«) umgedeutet. War vor wenigen Jahren noch der 11. September unangefochtenes Steckenpferd sämtlicher Verschwörungstheoretiker, findet sich nun zu jedem noch so kleinen Zwischenfall ein Video oder ein Blogeintrag, der sich die »offizielle Story« vornimmt. Sogar das jahrhunderte-alte Konzept einer kreisrunden Erde: Für die sogenannten *flat earther* hat die Erde noch Pfannkuchenform. Wer das Gegenteil behauptet: Teil der Verschwörung (doch bevor Sie jubeln, weil Sie mich beim Fake-News-Verbreiten erwischen: Ich gebe es zu; unser Planet ist keineswegs kreisrund; er ist oval, kartoffel-förmig).

Für viele scheint aber mittlerweile nichts so, wie es scheint. Eine Aura der Fälschung umgibt die Gegenwart.

Selbst die Geschichte ist nicht sicher.

Literatur zur Holocaustleugnung? Bekommt man auf Ama-zon.[7] Ein Verlag, dessen Namen man leicht mit dem eines Fuß-balltrainers verwechseln könnte, verdient Millionen mit dubio-ser Literatur über die angeblichen Machenschaften der Mächtigen. In ihrer Gedankenwelt ist Angela Merkel entweder eine Marionette, das Mastermind hinter der »Umvolkung« oder die Galionsfigur des »Merkelregimes« – oder gleich alles zusammen.

So oder so: Das Geschäft mit der Angst läuft gut. Mehr noch: Es läuft blendend.

In den Vereinigten Staaten ist Alex Jones wiederum eine der einflussreichsten Internetpersonen. Vor ein paar Jahrhunderten wäre er als verrückter Wanderprediger durch die Gegend gezogen. Heute bespielt der cholerische Lügenbaron mit seiner Mischung aus Verschwörungstheorien und Hetzkampagnen die halbe US-amerikanische Mittelschicht. Beeinflusst Wahlen. Diejenigen, die an seinen Lippen hängen, kriegen wahlweise Konstrukte serviert, wonach die ehemalige demokratische Präsidentschaftskandidatin Hillary Clinton zum Beispiel einen Kinderpornoring aus einer Pizzeria heraus betreibt (»Pizzagate«), Satanisten die USA bedrohen, die Regierung das Wetter kontrolliert, diverse Terroranschläge mitverantwortet oder Amokläufe an Schulen inszeniert (mit Unterstützung einer komplizenhaften Presse); Letzteres nur, um in der Öffentlichkeit Stimmung gegen harmlose Waffenbesitzer zu machen. Und solche Kopfgeburten sind keineswegs Randerscheinungen, sondern seit Jahren tief verwurzelt im Mainstream. Donald Trump besuchte die Sendung des Königs aller Verschwörungstheoretiker Jones während des Wahlkampfes 2016 und meinte brüderlich: »Dein Ruf ist fabelhaft. Ich werde dich nicht enttäuschen.« Und so kam es. Alex Jones wurde nicht enttäuscht, sondern zum wichtigsten Megafon rechtskonspirativer Ideen in Trumps Amerika.[8]

Wir stellen fest: Immer weniger Menschen sind willens, geschweige denn fähig, zwischen Fakten und »alternativen Fakten« zu unterscheiden, wobei Letztere oft nicht mehr sind als eine dreiste Form der Täuschung. Wie man es auch dreht und wendet: Die Wahrheit steht unter Beschuss. Wir sehen Verschwörungstheorien an allen Ecken und Enden. Lächerliche und weniger lächerliche Unwahrheiten werden salonfähig gemacht von denen, die von diesen profitieren.

Manche Unwahrheiten, Dümmlichkeiten und Manipulationsversuche haben eine irgendwie faktische Grundlage (wie unser Nudelsiebproblem, das sich ja auf ein tatsächlich vorhandenes Stück Metall bezieht). Andere sind geradewegs hirnrissig. Allen gemein ist der Kampf um die *passende Beschreibung der Wirklichkeit*. Deshalb ist der Kampf um Wahrheit auch ein Kampf um Worte. Weil Worte etwas bedeuten und selbst hinter ähnlichen Begriffen niemals identische Konzepte stehen.

Grundfrage dieses Buches ist konsequenterweise die Frage nach der angemessenen Beschreibung der Wirklichkeit. Wir werden ihr in verschiedenen Facetten begegnen. Sei es in Form einer philosophischen Erörterung des Begriffes der Echtheit oder sozialpsychologisch gegründeten Antworten auf die Frage, was Menschen an Verschwörungstheorien so attraktiv finden. Im Zentrum steht dabei immer die menschliche Erkenntnis sowie gleichermaßen unser Bedürfnis, an ihr zu zweifeln. Es geht um die ganze Wahrheit – und um andere Lügen.

Echte Probleme. Über Wahrheit und Echtheit

Über Leder und Polizisten

Als Martin Nilsen den Bootssteg betritt, ist es Hochsommer. Ende Juli. Am Himmel sind ein paar Wolken zu sehen. Das Wetter ist warm, aber nicht heiß. Ein ganz normaler Sommertag in Norwegen.

Ich bin hier, um auf der Insel nach dem Rechten zu sehen.

Monica Bøsei mustert den Fremden.

Mitte dreißig, ein Mann von normaler Statur. Geheimratsecken.

Frau Bøsei trägt die Verantwortung für alles, was auf der Insel geschieht, zu der die Fähre vom Bootssteg aus ablegt. Sie entscheidet, wer kommen darf. Auch an diesem Freitag.

Martin Nilsen trägt eine Polizeiuniform und wirkt ernst. Die Situation ist auch ernst. Neunzig Minuten zuvor ist eine Bombe im Osloer Regierungsviertel explodiert. Es gibt Berichte über Tote. Monica Bøsei zögert zunächst, dann gewährt sie dem Osloer Polizeibeamten die Überfahrt zur Insel.

Zu diesem Zeitpunkt findet dort ein politisches Sommercamp mit etwa 600 Teenagern statt.

Das Boot legt ab.

Die Wahrheit: Martin Nilsen ist nicht Martin Nilsen. Er ist auch kein Polizist. Der Mann, der sich als Martin Nilsen vorstellt und eine Polizeiuniform trägt, ist ein Terrorist.

Er heißt Anders Behring Breivik.

Die Bombe im Regierungsviertel war von ihm gelegt worden.

Nach der Überfahrt zur Insel tötet er Monica Bøsei sofort und ermordet weitere 68 Menschen auf der Insel Utøya. Über 100 verletzt er.

Breivik durfte die Insel Utøya betreten, weil er wie ein echter Polizist auftrat.

Wie erkennen wir, was echt ist und was nicht? Was heißt das überhaupt: »echt«?

Echtheit und Wahrheit sind zwei Früchte vom selben Baum, dem Baum der Wirklichkeit. Beide Früchte hängen mit der menschlichen Wahrnehmung zusammen. Wenn etwas echt oder unecht ist, heißt das nicht zuletzt, dass wir es als echt oder unecht *erkennen*. Echtheitsfragen sind Wahrheitsfragen. Deshalb spielt das Problem der Echtheit im Folgenden eine wichtige Rolle.

Fangen wir vergleichsweise einfach an.

Können Sie echtes Leder von Kunstleder unterscheiden?

Auf theoretischer Ebene sicherlich.

Die Theorie geht so: Echtes Leder ist gegerbte und mit Chemikalien haltbar gemachte Tierhaut. Sie stammt, nun ja, von einem echten Tier. Zum Beispiel von einem Rind oder einem Kalb, das, wie alle Lebewesen, durch Zeugung entstanden und durch Zellwachstum herangewachsen ist, bis es schließlich von Menschen geschlachtet und gehäutet wurde.

Kunstleder war nie Bestandteil eines Lebewesens. Deswegen können Tierfreunde es bedenkenfrei tragen. Kunstleder ist nämlich – hier kommt die Pointe – *kein echtes Leder*. Es besteht aus Textilien, die mit einer Kunststoffschicht überzogen werden, um wie echtes Leder zu wirken.

In der Theorie ist der Unterschied einfach zu erkennen.

In der Praxis sieht das schon ganz anders aus.

Kennt man sich nicht so gut aus, ist es nicht einfach, echtes Leder von Kunstleder zu unterscheiden. Zumindest nicht auf Anhieb. Stellen wir uns eine Fußgängerzone vor: Zehn Passanten laufen vorbei. Sie tragen Jacken, Handtaschen, Schuhe, Gürtel. Manche davon aus echtem Leder, die anderen nicht. Von nahem sieht das geschulte Auge den Unterschied. Wer sich dafür nicht so interessiert, wird den Unterschied eher nicht erkennen.

Und genau das ist der Sinn der Sache!

Im Ladengeschäft verhält sich das dann wieder anders. Der Kenner weiß nämlich: Echtes Leder ist teuer. Weil es eben aufwendig ist, ein Tier zu züchten und dessen Haut fachgerecht zu Lederstoffen weiterzuverarbeiten. Kunstleder ist da billiger. Auch die Haptik ist anders. Leder und Kunstleder fühlen sich unterschiedlich an. Der Unterschied ist sogar zu riechen (Kunstleder riecht oft chemisch).

Was lernen wir vom Leder?

Es kommt auf die Umstände an. Den Gesamtkontext. Wie nah sind wir dran? Was können wir überhaupt erkennen? Was wissen wir? Echtheit und Unechtheit erfassen wir mit den Sinnen. Wir sehen, fühlen, riechen. Ziehen Schlüsse auf Grundlage dieser Eindrücke. Das Erkennen der Wirklichkeit ist ein körperliches *und* ein gedankliches Erkennen.

Stoffliche und soziale Echtheit

Es geht um Schein und um Sein. Und es geht nicht nur um Leder. Das Prinzip, das sich beim Unterschied zwischen Leder und Kunstleder zeigt, ist das *Prinzip der stofflichen Echtheit*. Ein Ding X ist das, was es ist, weil es stofflich so beschaffen ist, die Definition von X zu erfüllen. Nur weiterverarbeitete Tierhaut ist Leder, so will es unsere Definition. Der echte Stoff eben.

Genug geledert.

Stoffliche Echtheit gilt für allerlei Dinge. Ein Diamantring mag auf dich und mich wie ein Diamantring wirken – ein echter Diamant ist es nur dann, wenn der Stein ein natürlich entstandenes Mineral ist, eine bestimmte Dichte und Härte aufweist, seltene optische Eigenschaften verkörpert und so weiter. Strass, also kunstvoll geschliffenes Glas, kann für Laien aussehen wie Diamant.

Oder denken wir an Gold. Gold ist nur dann Gold, wenn es die von uns anerkannten Gold-Eigenschaften besitzt – also nicht nur die typische Farbe, sondern einen Schmelzpunkt bei 1064 °C usw. Es ist bekanntlich nicht alles Gold, was glänzt (es gibt eine eigene Debatte in der Philosophie, ob das, was wir auf fremden Planeten für Wasser halten, tatsächlich Wasser ist und warum).

Als ersten Punkt können wir festhalten: Zwischen »echt« und »unecht« besteht eine *Ähnlichkeitsbeziehung*. Wenn wir ein Ding X (fälschlicherweise) für ein Ding Y halten, dann deswegen, weil zwischen Ding X und Ding Y eine augenscheinliche Ähnlichkeit besteht. Diese Ähnlichkeitsbeziehung bedingt die Verwechslungsgefahr. Wir verwechseln z. B. Plastikpflanzen mit echten Pflanzen. Weil sie sich ähnlich sehen und weil sie sich ähnlich sehen sollen. Dinge, die sich nicht ähnlich sehen, verwechseln wir nicht (z. B. verwechselt niemand einen Schlüsselbund mit einem Stuhl oder eine Waschmaschine mit einem Zeppelin). Doch: Schein und Sein liegen bisweilen nah beieinander.

Auf der Suche nach dem Wesen der Echtheit stellen wir fest: Optische Ähnlichkeit reicht allein nicht aus. Was echt aussieht, ist es nicht unbedingt auch.

Diese Einsicht ist weniger trivial, als man vielleicht meint. Immerhin beurteilen wir sehr vieles im Leben erst mal nach dem Aussehen. Man soll aber ein Buch nie nur nach seinem Umschlag bewerten – das kann bitteres Erwachen bedeuten, wenn der Schein trügt.

Jenseits stofflicher Echtheit gibt es weitere wichtige Fälle von Echtheit und Unechtheit. Fälle, in denen die rein physische Beschaffenheit *nicht* ausschlaggebend ist wie etwa bei Gold.

Ich spreche von *sozialer Echtheit*.

Einen echten Juristen z. B. erkennt man nicht daran, dass er besonders groß oder klein ist oder einen Schmelzpunkt von 1064 °C hat. Du bist ein echter Jurist, wenn du die in deinem Land übliche juristische Ausbildung erfolgreich absolviert hast.

Die verantwortlichen Institutionen verleihen dir den Status »Jurist«.

Ganz ähnlich ist es mit anderen sozialen Rollen. Vor allem Berufe haben Echtheitskriterien. Für viele von ihnen gelten klare Regeln, wer sich wann wie nennen darf. Polizist, Arzt, Ingenieur, Richter, Psychologe, KFZ-Mechaniker – alles Berufe, bei denen die Gesellschaft regelt, wer unter welchen Umständen so auftreten und sich so nennen darf.

Der Zusammenhang von Sein und Schein ist bei sozialer Echtheit mehrdeutiger als bei stofflicher. Einerseits gibt es Merkmale, die uns darauf hinweisen, mit wem wir es zu tun haben. Nicht immer, aber durchaus häufig. Polizisten tragen Uniform, Richter eine Robe, Ärzte oft Weiß. Andererseits ist der Status (also das echte Sein) nicht an den Schein gebunden. Ein Polizist ist immer noch ein Polizist, wenn er seine Uniform auszieht, der Arzt ein Arzt, wenn er im Schwimmbad ist, der Richter ein Richter, wenn er keine Robe trägt, sondern ein Nachthemd. Anders herum bin ich noch kein echter Polizist, Arzt oder Richter, nur weil ich die entsprechende Kleidung trage. Uniformen repräsentieren die Rollen und Funktionen. Sie *sind* es nicht.

Ohne Regeln, die soziale Echtheit garantieren, könnte ich heute aufstehen, einen Kittel anziehen und mich »Arzt« nennen. Das könnte jedoch üble Konsequenzen haben: Ich könnte Menschen verletzen, ja, für ihren Tod verantwortlich sein. Bevor also jemand zu Schaden kommt, sollten wir lieber auf solche Experimente verzichten. Doch nicht alle halten sich an gesellschaftliche Echtheitsregeln (trotz hoher Strafen für Amtsanmaßung, Betrug usw.).

Immer wieder kommt es zu spektakulären Fällen von Betrug und Hochstapelei. So arbeitete Gert P., gelernter Postzusteller aus Bremen, in den 1980er und 1990er Jahren bei mehreren Arbeitgebern als leitender Arzt. Mit einer Mischung aus angelesenem Wissen, Urkundenfälschung und dreister Lüge gelang es ihm, sich gegen andere, angemessen qualifizierte Bewerber durchzusetzen. Er war jeweils mehrere Monate lang als Facharzt für Psychotherapie tätig, sogar als Oberarzt; er schrieb Rezepte und Gutachten. Durch sein selbstsicheres Auftreten dauerte es, bis jemand Verdacht schöpfte.

Zu keinem Zeitpunkt war Gert P. ein echter Arzt.

Auch wenn er sich zeitweise so verhielt.

Er verhielt sich *wie ein echter Arzt*.

Die Ähnlichkeitsbeziehung, die den Unterschied zwischen »echt« und »unecht« macht, lag in diesem Fall auf der Verhaltensebene. Weil ich mich wie ein Arzt verhalte, bin ich noch lange keiner. Zur sozialen Echtheit gehört, dass ich die Herkunfts-

Zwei Fälle von (Un-)Echtheit

Rachel Dolezal war bis 2015 Lehrbeauftragte für afroamerikanische Studien an der Eastern Washington Universität und darüber hinaus aktiv in der schwarzen Bürgerrechtsorganisation National Association for the Advancement of Colored People (NAACP). Es kam zu einer Kontroverse, als die Öffentlichkeit erfuhr, dass Dolezal – eine sympathisch wirkende Frau mit hellbrauner Haut, die stets behauptete, einen schwarzen Vater und eine weiße Mutter zu haben – keinerlei »echte« schwarze Abstammung vorweisen kann. Ihre Eltern sind beide weiß. Ihre Haut: offenbar gebräunt. Sich als Afroamerikanerin auszugeben, ohne eine solche zu sein, kostete sie ihren Lehrauftrag und ihre Rolle in der afroamerikanischen Bürgerrechtsorganisation. Ein Shitstorm in den sozialen Medien war die Folge, und Dolezal wurde zur Persona non grata. Rachel Dolezal bleibt bis heute bei ihrer Behauptung, sie sei »eigentlich schwarz«.

***

Was haben einige Gemälde von Max Ernst, Heinrich Campendonk und Fernand Léger miteinander gemein? Sie wurden alle vom selben Maler gemalt. *Wolfgang Beltracchi*. Besser gesagt: Gefälscht. Der als »Jahrhundertfälscher« geltende Beltracchi hatte über Jahre hinweg nahezu perfekte Bilder in den Stilen bekannter Maler gefälscht – und natürlich leicht verkauft. Insbesondere die verantwortlichen Experten und Gutachter waren fest davon überzeugt, unentdeckte oder verschollene Bilder wichtiger Künstler vorliegen zu haben. Die Wahrheit: Beltracchi malte alles selber, ergaunerte sich auf diese Weise Millionen. Schlussendlich flog alles auf, weil er versehentlich einen Weißton benutzt hatte, der modernes Titanweiß enthielt und somit nicht in die angegebene Entstehungszeit passte. Der echte Kunstfälscher Beltracchi, der einen Schaden in zweistelliger Millionenhöhe verursachte, wurde 2011 zu sechs Jahren Gefängnis verurteilt. Mittlerweile ist er aus der Haft entlassen. Durch die Kombination aus seinem beachtlichen handwerklichen Können und seinem Ruf als ehemaliger Meisterfälscher ist heute ein »echter Beltracchi«, also ein ungefälschtes Bild von ihm selbst, ordentlich viel Geld wert.

kriterien erfülle, die zur jeweiligen Rolle gehören. Soll heißen: Die *Geschichte*. Für den Fall des Mediziners heißt das: Der Mediziner gilt deshalb als echter Doktor, weil er ein Medizinstudium erfolgreich abgeschlossen hat, Arzt im Praktikum war, sein zweites Staatsexamen abgelegt und vielleicht sogar eine Doktorarbeit geschrieben, also den Anforderungen entsprochen hat, die man erfüllen muss, um den Titel tragen zu dürfen. Das ist seine berufliche Geschichte. (»Echter Doktor« bin ich übrigens auch, und wenn Sie diese Zeilen lesen, befinden Sie sich ja offensichtlich bereits in meiner Behandlung.)

Wir sehen: Soziale Echtheit hat institutionelle Aspekte.

Es ist sogar denkbar, dass ein unechter Arzt im Ausnahmefall seine Patienten besser behandelt als ein echter. Sehr unwahrscheinlich, weil die jahrelange Ausbildung zum Arzt (oder Anwalt oder Polizist) natürlich keine Schikane ist, sondern notwendiges Fachwissen vermittelt. Dennoch können wir uns einen Einzelfall vorstellen, in dem ein Hochstapler, der ein paar medizinische Bücher gelesen hat, beispielsweise eine seltene Krankheit – sei es aus Zufall oder Talent – richtig diagnostiziert.

Kuriose Ausnahmen von dieser Regel gab es mehrfach auch in Wirklichkeit: Ein gewisser *Ferdinand Waldo Demara* war als falscher Schiffsarzt während des Koreakrieges im Militäreinsatz und offensichtlich so dreist (und irgendwie talentiert), verwundete Soldaten mit Hilfe eines quasi als Spickzettel aufgeschlagenen Fachbuchs zu operieren – und erstaunlicherweise ist niemand gestorben. Die Endstufe des *learning by doing*, quasi. Irgendwann landete Demara dennoch im Gefängnis.

Durch eine erfolgreiche Behandlung oder auch durch Monate oder Jahre erfolgreicher Behandlungen wird ein Betrüger allerdings niemals zum echten Arzt. Für eine solche soziale Echtheit reicht es nicht aus, Handlungen so auszuführen, wie sie auch ein echter X ausführen würde. Entscheidend ist nämlich auch und vor allem die Herkunft bzw. *der geschichtliche Kontext*. Gemeint ist die Ausbildungsgeschichte der Menschen und die Geschichte des institutionellen Beiwerks ebenjener Ausbildung (Zeugnisse usw.). Lange Rede, kurzer Sinn: Echte Zeugnisse kommen von Universitäten. Nicht aus meinem Drucker.

Echter Champagner

Und dann gibt es noch Mischformen stofflicher und sozialer Echtheit. Fälle, in denen wir etwas als echtes X anerkennen, weil es *stoffliche* Echtheitskriterien *und* darüber hinaus *soziale* Echtheitskriterien erfüllt.

Denken wir an Champagner.

Champagner ist einerseits Champagner, weil er Schaumwein ist – und kein Bier oder keine Coca-Cola oder Putzwasser. Das ist der stoffliche Anteil. Die Schaumwein-Kriterien müssen auf physischer Ebene erfüllt sein. Andererseits ist echter Champagner nur dann echter Champagner, wenn er aus der Champagne kommt, also aus einer Region in Frankreich. Die Trauben müssen auf eine genau geregelte Art angebaut und verarbeitet (Pflanzungsdichte, in einem genau abgegrenzten Gebiet, Ertragsbeschränkung, Flaschengärung, Mindestlagerzeit auf der Hefe usw.) werden. Sonst ist es kein echter Champagner. Schaumwein, der diese (sozialen) Kriterien nicht erfüllt, nennt man Sekt. Champagner ist nur der Sekt aus der Champagne, weil wir uns als Gemeinschaft darauf geeinigt haben, nur diesen Sekt als Champagner anzuerkennen.

Echt ist das, was wir gemeinschaftlich als echt *anerkennen*.

Von der Perücke, die als Echthaar durchgeht, über falsches Geld, mit dem man dennoch bezahlt, bis hin zu Silikonbrüsten. Vom falschen Polizisten bis hin zum falschen Arzt.

Was echt ist und was unecht, hat also *sowohl* mit Schein *als auch* mit Sein zu tun.

Was zunächst echt zu sein scheint, ist es deswegen noch lange nicht.

Falschgeld kann nichts dafür, dass jemand es gefälscht hat. Bei Menschen ist die Lage anders. Menschen wissen nämlich in der Regel sehr wohl, ob sie selbst etwas *sind* oder nur so *scheinen* wollen. Wer vor anderen Schein und Sein vertauscht, ist unaufrichtig. Vor allem handelt es sich beim »absichtlich etwas vorspielen, das gar nicht wahr ist« um eine *bewusste Täuschung.*

Der Täuschungsaspekt steht in direkter logischer Beziehung zum Problem der Wahrheit und der Echtheit. Täuschen bedeutet ja nichts anderes als das: einer Unwahrheit den Schein der Wahrheit zu geben bzw. einer Unechtheit den Schein der Echtheit. Niemand praktiziert aus Versehen als (falscher) Arzt, niemand tritt aus Versehen als (falscher) Polizist auf.

Eine unabsichtliche Verwechslung kann man natürlich schnell aufklären. Wer mit weißem Hemd im Krankenhaus von einer Patientin gefragt wird »Entschuldigung, arbeiten Sie hier?«, der entscheidet sich in dem Moment, wenn er antwortet, zwischen Schein oder Sein. Verwechslungen sind normal und gehören zum Alltag dazu. Ein bewusstes Täuschen über die Wahrheit der Dinge findet dann statt, wenn ich weiß, dass das, was ich vortäusche, nicht der Wahrheit entspricht – ich aber *so tue als ob*, damit die andere Person das Vorgetäuschte für Wahrheit hält.

Ein Kernproblem bei der philosophischen Frage nach Echtheit ist also das *So-tun-als-ob.*

Nicht jedes So-tun-als-ob ist aber ein Wahrheitsproblem. Zum Problem wird es, wenn man dadurch andere absichtlich täuschen will (ggf. böswillig, zum eigenen Vorteil). Breivik tat so, als wäre er ein echter Polizist, um sich Zugang zur Insel Utøya zu erschleichen. Beltracchi tat so, als wären seine Kunstwerke die von anderen (bekannteren) Malern.

Doch was passiert, wenn tatsächlich alles nur Schein ist?

Das Truman-Show-Problem[1]

Erinnern Sie sich an den Film *The Truman Show* (1998)? Er erzählt die Geschichte von Truman Burbank; ein Durchschnittsbürger, der in der harmonischen Kleinstadt Seahaven ein ganz normales Leben führt. Zumindest so lange, bis Truman nach einigen Zwischenfällen skeptisch wird. Nach und nach erfährt der Zuschauer die ungeheuerliche Wahrheit: Truman Burbank wurde als Kind von einer Firma adoptiert, die ihn in der künstlichen Stadt Seahaven aufwachsen ließ; umgeben von Schauspielern und nonstop gefilmt. Das Drama seines täglichen Lebens hat ihn ohne sein Wissen zu einem Serienhelden für Millionen von Zuschauern gemacht – vom ersten Wort über den ersten Kuss bis zum ersten Job. Jede Episode seines Lebens wurde live und natürlich ohne Probe mitgeschnitten und gesendet. Sein ganzes Dasein: Inszenierte Unterhaltung. Unecht. *The Truman Show*.

Das wussten auch alle.

Nur einer nicht.

Truman.

Diese bitterböse schwarze Komödie zeigt echte existenzielle Dramatik. Wie wäre es für Sie, wenn Sie herausfinden würden, dass Sie nicht nur einmal belogen wurden, sondern *immer und von allen*? Dass niemand der ist, der er zu sein scheint? Und alle nur so tun, als ob.

Machen wir ein philosophisches Gedankenexperiment. Denken wir uns zwei Trumans. Der erste ist der Truman-Show-Truman. Er wächst tatsächlich in einer inszenierten Wirklichkeit auf. Nichts Wesentliches ist im engeren Sinne echt. Nichts Wesentliches. Das bedeutet: Wir können davon ausgehen, dass Truman vermutlich »echte Spaghetti« gegessen und »echte Jeans« getragen hat. Die wesentlichen Dinge, das Existenzielle – Freundschaften, Liebe: alles nicht echt. Nach und nach kommt er dahinter und wird vollkommen zu Recht von existenziellem Horror ergriffen. Er erfährt eine Wahrheit, die seine Welt erschüttert. Nennen wir diesen Truman *den echten Truman*.

Stellen wir uns nun einen zweiten Truman vor. Dieser Truman wächst in der ganz normalen Wirklichkeit auf. Hat normale Freunde, eine normale Vergangenheit, alles ist stinknormal und so echt, wie unser aller Leben echt ist. Keine Kameras. Allerdings ergreift ihn eines Tages eine Angst. Er fühlt sich beobachtet. Er zweifelt an seinen Mitmenschen. Was, wenn die alle nur schauspielern? Nicht echt sind? Wo, um Gottes willen, sind die Kameras?

Den zweiten Truman nennen wir *den paranoiden Truman*.

Beide Trumans teilen die Überzeugung, dass die Welt sich gegen sie *verschworen* hat.

Aber nur einer hat recht.

Es reicht nämlich nicht aus, dass wir bloß der Überzeugung sind, recht zu haben. Der paranoide Truman denkt auch, dass er recht hat. Das ist ja die Quelle seiner Angst. Recht hat allerdings nur der echte Truman. Warum? Weil seine Vorstellungen der Wirklichkeit entsprechen. Er wird *wirklich* beobachtet. Seine Freunde sind *wirklich* ausschließlich Schauspieler. Es ist *wirklich* alles inszeniert, und jeder hat sich gegen ihn verschworen.

Deswegen ist der echte Truman zu Recht ergriffen von einer existenziellen Angst. Der paranoide Truman ist zwar auch ergriffen von Panik, aber zu Unrecht. Es gibt keine Kameras, keine Schauspieler, keine Inszenierung.

Das ist das Problem mit gefühlten Wahrheiten.

Echtheit und Unechtheit muss man nicht nur erkennen, um sie zu unterscheiden – man muss sie *richtig* erkennen.

Schlimmstenfalls geht das schief.

Was für Gemälde, Champagner und Polizisten gilt, gilt auch ganz allgemein: Was echt ist und was nicht, ist keine reine Kopfsache. *Echtheit zu erkennen heißt vor allem: die äußere Welt richtig zu erkennen.*

Das Kriterium, ob unser Glaube an eine Verschwörung richtigliegt oder nicht, kann nicht allein im Kopf sein. Immerhin denken beide Trumans ja exakt dasselbe: »Alles um mich herum ist nicht echt.«

Ob du dich irrst, ist Frage der Wirklichkeit!

Klar, die Überzeugung ist in deinem Kopf. Das Kriterium der Richtigkeit für deine Überzeugung liegt allerdings in der Außenwelt. Soll heißen: Es liegt nur dann eine Verschwörung gegen dich vor, wenn *tatsächlich* eine Verschwörung gegen dich angezettelt wurde.

Es geht also auch und immer darum, <u>Vorstellung und Wirklichkeit bestmöglich miteinander in Einklang zu</u> bringen. Die Welt sinnvoll und nachvollziehbar zu beschreiben.

Weil das leichter gesagt als getan ist, scheitern viele Menschen hieran. Nicht nur Verschwörungstheoretiker. Aber die besonders. Verschwörungstheorien haben nämlich eine gewisse intellektuelle Sexyness. Weil sie an diese grundlegende menschliche Sehnsucht nach Wahrheit und Echtheit anknüpfen. Sie machen attraktive Vorschläge zur Erklärung der Wirklichkeit. Vorschläge, die oft nicht viel mit der Realität zu tun haben, die sich aber ziemlich wahr *anfühlen*.

Der paranoide Truman lehrt uns: Gefühlte Wahrheiten sind keine. Wirklichkeit (und Wahrheit) liegt nicht im Kopf, sondern in der Außenwelt, in der sich der Kopf befindet. Genauer gesagt: <u>Wahrheit ist eine *Beziehung* zwischen deinem Kopf und der Welt</u>. Dabei ist es egal, ob es um Gold geht oder einen Menschen in Polizeiuniform. Was richtig und was falsch ist, was echt und was unecht ist – davon haben wir Überzeugungen. Überzeugungen, deren Richtigkeit sich *an der Wirklichkeit messen lassen müssen*. Schlimmstenfalls ist dein Diamantring aus Glas und dein Psychiater ein Hochstapler.

Krisenschauspieler und mediale Echtheit

»Das ist doch alles gar nicht echt!«, ist eine Reaktion, die heutzutage häufig anzutreffen ist. Vor allem im Internet. Oder bei Terroranschlägen und Amokläufen.

Klingt unglaublich, ist aber so.

Fast immer, sobald eine Nachricht schockierender, brutaler Ereignisse um die Welt geht, sind sie zur Stelle. Diejenigen, die »Fake!!« brüllen.

In den letzten Jahren häufen sich Kommentare, die schreckliche Ereignisse wie den Anschlag auf die Sandy Hook Elementary School oder auch das Attentat auf den Berliner Breitscheidplatz als gefälscht bezeichnen. Verschwörungstheoretiker sagen, in echt sei nichts davon passiert. Mehr noch: Die Menschen, die einem in den Medien präsentiert werden, seien gar keine echten Opfer, gar keine echten Verletzten, gar keine echten Zeugen. Das seien alles Schauspieler. *Krisenschauspieler.* Indem man aber diejenigen, die unter einem schrecklichen Ereignis zu leiden hatten (und vielleicht sogar gestorben sind), einer Täterschaft beschuldigt, vollzieht man eine Täter-Opfer-Umkehr oder ein *blaming the victim*, ein böswilliges Beschuldigen und Verhöhnen des Opfers.

Alles eine große Täuschung.

Was so absurd klingt wie die Paranoia des paranoiden Truman aus unserem Gedankenexperiment oben, ist heute weit verbreitete, bittere Realität. Im Internet wimmelt es von Menschen, die anderen Menschen vorwerfen, nur Krisenschauspieler zu sein. Menschen, die wütend werden, weil man ihnen ihrer Meinung nach etwas vorgaukelt. Menschen, die zu Mobbing und Gewalt greifen, weil sie es satthaben, andauernd von »den Mainstream-Medien« über »den echten Lauf der Dinge« getäuscht zu werden.

Aber der Reihe nach.

Was ist hier los?

Für uns, die wir – zumindest aus Perspektive vieler Verschwörungstheoretiker gesehen – noch naiv genug sind, den »Mainstream-Medien« Glauben zu schenken, steht fest: In der Welt geschehen auch schreckliche, gewalttätige Dinge wie Amokläufe und Terroranschläge. Rolle der Medien ist es, die Öffentlichkeit so verantwortungsvoll und präzise wie möglich über alle wichtigen Geschehnisse zu unterrichten. Was ist durch wen geschehen, wo, wie und bestenfalls auch: warum. Diese Berichterstattung – ob nun z. B. über das Anis-Amri-Attentat auf den Breitscheidplatz, den Massenmord durch Stephen Paddock in Las Vegas 2017 oder den 11. September 2001 – ist vielleicht nicht immer sofort zu hundert Prozent fehlerfrei (und ist auch oft im Interesse der Täter, die ohne Berichterstattung nicht bekannt werden würden). Eventuelle Fehler in der Berichterstattung ändern jedoch nichts an der Tatsache, dass die grundlegenden Informationen stimmen. Für die genannten Beispiele heißt das: *Es gab* einen LKW-Anschlag durch einen islamistischen Extremisten auf Weihnachtsmarktbesucher am Berliner Breitscheidplatz. *Es gab* einen Angriff in Las Vegas, bei dem ein Schütze mit automatischen Schnellfeuerwaffen aus einem Hotelfenster ins Publikum eines Country-Konzertes schoss. *Es gab* von Osama bin Laden geplante Flugzeugentführungen, die den Einsturz beider Türme des World Trade Centers herbeiführten.

Das ist die klassische Vorstellung von *echten Ereignissen* und von *Medien, die uns wahre Nachrichten über echte Ereignisse vermitteln*. Der Grundgedanke: Wir entnehmen den Nachrichten Wahres über die echte Welt. Die Medien täuschen uns nicht. Sie informieren.

So viel sollte Konsens sein, oder?

Falsch.

Verschwörungstheoretiker sehen das anders.

Lügenpresse

Lügenpresse, Lügenpresse, Lügenpresse. In den letzten Jahren ist der Lügenpresse-Vorwurf immer populärer geworden. Ob seine Vertreter nun »Lügenpresse!« oder wie der US-amerikanische Präsident »Fake News!« brüllen, beide meinen dasselbe: »Du kannst ›den Medien‹ nicht trauen. Sie lügen. Sie belügen dich, mich, uns alle. Absichtlich.«

Welche Medien die Lügenmedien sind, ist eine Frage der Perspektive. Faustregel: Lügner sind alle diejenigen, die der Sprecher aus welchen Gründen auch immer nicht mag und deshalb zu solchen erklärt. In der Regel sind es große Zeitungen und Fernsehsender, die im Verschwörerdenken entsprechend »Mainstream-Medien« (kurz: MSM) genannt werden. Da sie angeblich lügen, ist der Wahrheitswert ihrer Nachrichten vernachlässigbar. Lügenvorwürfe sind dabei beides – sowohl Vorwürfe der Unwahrheitsbehauptung als auch ein Absprechen der Glaubwürdigkeit.

Mehr noch: Medien seien *manipulativ.*

Wer lügt, hat nämlich Motive.

Gründe, warum er lügt.

Ein solcher Lügenpresse-Vorwurf ist ein *verschwörungstheoretischer* Vorwurf, weil er besagt, dass die Medien sich – gemeinsam mit Hintermännern – heimlich verschworen haben, um die Öffentlichkeit absichtlich über den echten, den wahren Lauf der Dinge zu täuschen. »Lügenpresse« bedeutet, dass *manipulative Medien eine leichtgläubige Öffentlichkeit über den echten Lauf der Dinge täuschen.*

9/11? War die Bush-Regierung selbst.

Anis-Amri-Attentat? So nicht passiert.

Las Vegas Shooting? Überhaupt nicht passiert.

Mondlandung? In den Hollywood-Studios gedreht.

Was zunächst nach verrückten Außenseiterpositionen klingt, wird von erschreckend vielen Menschen geglaubt und nach außen vertreten. Der Journalistikprofessor Tanjev Schultz schreibt:

»Etwa jeder fünfte Bürger in Deutschland stimmt nach einer Umfrage [2017] der Aussage zu, ›die Medien und die Politik arbeiten Hand in Hand, um die Meinung der Bevölkerung zu manipulieren‹ (ein Jahr zuvor stimmte jeder vierte Befragte zu)«.[2]

Treffe zufällig einen Leser persönlich.

»Sie schreiben nie etwas Kritisches über Merkel oder die Bundesregierung!«, sagt er. »Sie stecken doch alle unter einer Decke!«

Ich antworte: »Äh, doch. Also, ich bin ja Auslandskorrespondent, Merkel ist in den seltensten Fällen mein Thema. Aber natürlich schreiben meine Kolleginnen und Kollegen kritisch über deutsche Politik, auch über Merkel.«

»Zeigen Sie's mir!«

Ich nehme mein Handy und zeige ihm mehrere Artikel auf *Spiegel Online*.

»Da und da und da. Sehen Sie? Mehrere Artikel am Tag, die sich kritisch mit der Bundesregierung auseinandersetzen.«

Er guckt auf mein Telefon, dann schaut er mich kritisch an.

»Das ist ein Zufall! Sonst schreiben Sie nichts Kritisches über Merkel!«

Ich klicke ins Archiv und suche mehrere Artikel raus.

»Sehen Sie? Da, da, da, da, da, da und da. Ich könnte stundenlang weitermachen.«

Er guckt mich mit zugekniffenen Augen an, verschränkt seine Arme vor sich und sagt: »Ich glaube Ihnen trotzdem nicht!«

Was soll man mit solchen Leuten weiter reden? Wenn solche Leute die Zukunft Deutschlands sind, dann ist dieses Land wirklich bald im Eimer.

Anekdote des Journalisten Hasnain Kazim[3]

Angriff unter falscher Flagge

Im Zusammenhang mit dem »Das ist in Wahrheit alles nicht so passiert, wie uns die Medien glauben machen«-Vorwurf fällt oft ein weiteres Schlagwort: *False Flag Operation*. Eine *False Flag Operation* bzw. ein Einsatz unter falscher Flagge ist ein militärischer Ausdruck, der ursprünglich aus der Seefahrt stammt.

Schiffsflaggen waren bekanntlich dafür da, Schiffe zu identifizieren. Wer unter falscher Flagge segelte, führte demnach nichts Gutes im Schilde. Das Segeln unter falscher Flagge ist ein Täuschungsmanöver. Ein Schiff konnte so seine wahre Identität verschleiern – und den Feind glauben lassen, dass man jemand sei, der man gar nicht ist: ein klassisches Echtheitsproblem bzw. Schein-Sein-Problem, ähnlich wie der Terrorist Breivik in seiner Polizeiuniform. Statt über die eigene Flagge, die im Konfliktfall als feindlich erkannt werden würde, identifiziert man sich unter falscher Flagge als Verbündeter oder als Neutraler. Man nutzt die Annäherung und den Überraschungseffekt und überrumpelt den getäuschten Gegner. So viel zu Begriffshintergrund und Metaphorik.

Nennt man einen Amoklauf oder einen Terroranschlag eine *False Flag*, bedeutet das: Da läuft etwas nicht so ab, wie es abzulaufen scheint. Da sitzt jemand anders am Ruder. Wieder einmal geht es um den fundamentalen Unterschied zwischen Schein und Sein. Echt und unecht.

Verschwörungstheoretiker nutzen mindestens zwei Varianten des Falsche-Flagge-Arguments:

Ich unterscheide ein *moderates* Falsche-Flagge-Argument von einem *radikalen* Falsche-Flagge-Argument.

Die *moderate Variante* lautet:

»*Ereignis X ist passiert, aber nicht so, wie die ›offizielle Story‹ bzw. die Medien es darstellen.*«

Ein klassisches Beispiel ist die »9/11-Truther-Bewegung«. Der Name ist Programm: Die Leute nennen sich »Truther« bzw. »9/11 Truth Movement«, weil sie, na klar, aus ihrer Sicht auf Seite der Wahrheit stehen. Sie behaupten nämlich, die Anschläge am 11. September seien in Wahrheit von der Regierung selbst geplant und von ihren Handlangern ausgeführt worden, u. a. um Gründe für den Irakkrieg zu haben (ein historischer Vorgänger einer Theorie mit dieser Schlagrichtung besagt, die USA hätten vorab um den Angriff der Japaner auf Pearl Harbor gewusst und ihn absichtlich geschehen lassen, um so ihre schwache Flotte loszuwerden und gestärkt mit Neubauten in den Zweiten Weltkrieg eintreten zu können). Die 9/11-Truther sagen, der 11. September sei ein »inside job« gewesen – also von innerhalb der eigenen Regierung geplant und von Schattenmännern ausgeführt. Massenmord an der eigenen Bevölkerung aus politischen Motiven.

Die *radikale Variante* des False-Flag-Arguments besagt:

»Ereignis X ist niemals passiert. Alles, was wir über Ereignis X in den Medien sehen, ist eine Täuschung. Unecht.«

Das Sandy-Hook-Shooting ist tragischerweise so ein Fall. Also ein Fall, wo diese Behauptung fällt. Im Jahr 2012 ermordete ein Attentäter im US-Bundesstaat Connecticut in der Kleinstadt Newtown 20 Kinder und sechs Angestellte der örtlichen Grundschule. Quasi in Echtzeit fingen Verschwörungstheoretiker an, die Wahrheit der entsprechenden Berichterstattung in Zweifel zu ziehen.[4] Sandy-Hook-Verschwörungstheoretiker sagen: »Der Amoklauf hat nicht stattgefunden. *Überhaupt nicht.* Die Menschen, die uns in den Medien als Betroffene präsentiert werden, sind lediglich Schauspieler.«

Im Gegensatz zu einem »paranoiden Truman«, der wahnhaft anfängt, die Glaubwürdigkeit seiner ganzen Umgebung anzuzweifeln, handelt es sich hier um eine gezielte Verschwörungsüberzeugung in Bezug auf bestimmte Ereignisse (inzwischen hat sich diese Reaktion weitgehend ritualisiert: Auf einen Anschlag folgen sofort und quasi automatisch Anschuldigungen über Unechtheit). Der Verschwörungstheoretiker abstrahiert von dem, was er in den Medien sieht, und sagt: Alles diesbezüglich ist Lug und Trug – »sie« wollen uns glauben machen, dass dies soundso abgelaufen ist, aber in Wahrheit ist es das nicht (»abstrahieren« ist hier dabei im Wortsinne zu verstehen: weg von den Gegenständen gehen, verallgemeinern).

Alles unecht.

Falsch.

Fake.

Verschwörungstheoretiker gehen so weit, zu behaupten, im Rahmen einer False-Flag-Operation (also eines großen Täuschungsmanövers) kämen ausgebildete Krisenschauspieler zum Einsatz, um die Öffentlichkeit zu belügen. Unter Beihilfe der Medien.

Warum?

Gute Frage.

Wie so oft bei Verschwörungstheorien lautet die Antwort: Hintermänner. Hintermänner und ihre bösen Absichten kontrollieren das Geschehen.

Im Fall von Anschlägen wie dem Sandy-Hook-Shooting oder auch dem Las-Vegas-Attentat geht die Erzählung der Verschwörungstheoretiker wie folgt:

»Die Medien wollen die Öffentlichkeit fälschlicherweise glauben lassen, viele Menschen seien (unschuldig) durch gefährliche halbautomatische Waffen gestorben, in der Absicht, ein schlechtes Licht auf diese Waffen und ihre Besitzer zu werfen. Es ist eine Verschwörung gegen uns Waffenliebhaber zugange. Sie wollen uns die Waffen wegnehmen.«

Tatsächlich ist ein schärferes Waffengesetz in dem Bundesstaat des Newtown-Massakers in Kraft getreten, als Reaktion auf den Amoklauf. Das werten Verschwörungstheoretiker als Indiz für eine Verschwörung, anstatt es wie jeder normale Mensch als logische Folge eines Verbrechens und entsprechende Maßnahme zur Prävention zukünftiger Verbrechen zu sehen. Die unliebsamen Konsequenzen werden zum eigentlichen Ziel erklärt. Und jeder Zweifel daran ist nur ein neuer Beweis für die Schlagkraft und den Einfluss der Verschwörung.

Wie sich eine False-Flag-Unterstellung anhören kann, lesen wir hier:

»Sandy Hook ist gekünstelt, komplett gefälscht, mit Schauspielern; aus meiner Sicht: erfunden. Zunächst konnte ich es nicht glauben. Mir war klar, dass Schauspieler vor Ort waren, natürlich, aber ich dachte, sie hätten wirklich ein paar Kids getötet – dass sie Schauspieler eingesetzt haben, zeigt einfach, wie sicher sie sich ihrer Sache sind.«[5]

Dieses Zitat stammt von Alex Jones. Mit seiner Plattform *Infowars* erreicht Jones monatlich Millionen von Menschen weltweit (ist allerdings auf bestimmten sozialen Medien gesperrt worden) und verdient mit solchen Gedanken gleichzeitig Millionen von Dollar. Im Jones-Zitat lesen wir zwei verschiedene Varianten des Falsche-Flagge-Arguments. Zunächst war Jones bezüglich des Amoklaufs an der Sandy-Hook-Grundschule Anhänger des *moderaten* Falsche-Flagge-Arguments – es sei wirklich etwas Schreckliches vorgefallen (»sie hätten wirklich ein paar Kids getötet«), wenn auch vermutlich anders als medial dargestellt. Dann ging er zum *radikalen* Falsche-Flagge-Vorwurf über, der die Echtheit von Sandy Hook als Ganzes anzweifelt (»Sandy Hook ist gekünstelt, komplett gefälscht, mit Schauspielern«).

An dieser Stelle möchte ich kurz eine Anekdote zu Alex Jones selbst erzählen.

Als Jones 2017 wegen eines Sorgerechtsstreits mit seiner Ex-Frau vor Gericht stand, sagte sie aus, ihr Ex-Mann sei nicht psychisch stabil und sein öffentliches Verhalten unpassend für den Umgang mit den gemeinsamen Kindern. Daraufhin entgegnete Jones' Anwalt allen Ernstes, sein Mandant sei ein »Performancekünstler« und würde seine »Figur« als verrückter Internet-Verschwörungstheoretiker lediglich vor seinem Publikum »spielen«. Ganz recht: Derjenige, der die Echtheit und Aufrichtigkeit anderer quasi berufsmäßig böswillig anzweifelt, lässt sich privat vor Gericht mit einer »Das ist alles gar nicht echt«-Strategie verteidigen. Als wäre das nicht verrückt genug, ging Jones anschließend zurück in seine Sendung und dementierte Medienberichte über seinen Gerichtsprozess und seine kuriose Verteidigungsstrategie und verkündete, er sei so »authentisch und hardcore und echt, wie es nur geht, und jeder weiß das«. Das texanische Gericht sprach der Kindesmutter das Sorgerecht zu (Jones darf die gemeinsamen Kinder jedoch besuchen).

Doch zurück zum Thema: Beide False-Flag-Varianten basieren auf dem subjektiven Eindruck, immer getäuscht und belogen worden zu sein. Unterschiedlich ist jedoch jeweils das Ausmaß. Es zeigt sich eine fundamentale Eigenschaft von Verschwörungstheoretikern: Die Überzeugung oder auch das Bauchgefühl, immer und überall über den echten Lauf der Dinge getäuscht zu werden.

Auf theoretischer Ebene hat die zweite Argumentform des Falsche-Flagge-Krisenschauspieler-Arguments zwei Komponenten.

Erstens: Alles, was ich sehe, ist nicht echt, sondern inszeniert.

Zweitens: Alles, was ich sehe, wurde von *jemandem* inszeniert. Wie echte Schauspieler handeln auch Krisenschauspieler nicht ohne Regie und Drehbuch. Jemand steckt dahinter. Und warum? Jemand steckt dahinter, um zu täuschen. Deswegen sind False-Flag-Vorwürfe in der Regel Verschwörungstheorien. Weil Urheber mit bösen, heimlichen Absichten notwendiger Bestandteil des Schauspielvorwurfs sind.

Es wird sich auch kein vermeintlicher Krisenschauspieler hinstellen und sagen: »Ja, klar, ich bin Schauspieler, und hinter allem steckt die Anti-Waffen-Lobby, hier ist mein Drehbuch. Ich verdiene pro Tag zweihundert Dollar«. Aus Sicht des gesunden Menschenverstands: Weil es ja keine Krisenschauspieler gibt. Oder aus der Sicht der Verschwörungstheoretiker: Weil das Täuschungsmanöver sonst auffliegen würde.

Diese konspirative Wirklichkeitsverdrehung ist weniger amüsant, als sie klingt. Oft eskaliert der Streit um Echtheit und Wahrheit – und zwar auf Grundlage solcher abstrusen Behauptungen.

Im Zeitalter des Internets konkretisiert sich das abstrakte Krisenschauspieler-Argument leicht in Hasskommentaren, Rufmord und Psychoterror.

Nehmen wir den Fall von Lenny Pozner. Lenny Pozner gehört zu den Eltern, die beim Amoklauf an der Sandy Hook Elementary School im Dezember 2012 ihr Kind verloren haben. Der Grundschüler Noah Pozner wurde vom Amokläufer mit mehreren Schüssen aus einem halbautomatischen Sturmgewehr aus kurzer Distanz erschossen. Er galt als fröhlicher, liebenswürdiger Sechsjähriger.

So zumindest »die offizielle Story«.

Verschwörungstheoretiker widersprechen.

Vehement.

Wenige Tage nach dem Tod seines Sohnes ging der Terror los. Pozner, der durch Interviews ins Visier der Verschwörungstheoretiker geraten war, wurde selbst zur Zielscheibe. Auch über fünf Jahre nach dem Attentat hält es an: Beleidigende E-Mails. Bedrohungen. Tiraden. Pozner erhält seit Jahren regelmäßig derartige Nachrichten:[6]

> »Fick dich!! Dein Kind starb nicht bei Sandy Hook. Du kannst nicht ernsthaft behaupten, dass er starb! Komm schon, Mann. Ich weiß die haben dir eine ordentliche Summe gezahlt, aber warum lügst du uns an?«

Oder eine weitere E Mail:

> »Du bist ein Betrüger und ein Arschloch. [...] Bist du verrückt? [...] Du stinkst. Du solltest angeklagt werden. Du und deine Kumpane sind Lügner und Diebe. [...] Du Drecksack. [...] Oh, und nebenbei, der Totenschein deines Sohnes – tolle Arbeit. [...] Warum nennst du der Öffentlichkeit nicht deinen wahren Namen? [...] Du bist ein verdammter Witz. [...] Verrotte in der Hölle, du Wichser.«

Und:

> »Pozner, für dich ist ein besonderer Platz in der Hölle re-
> serviert. Nimm die Beine besser in die Hand, bevor wir dich
> finden.«

Manche sagen, dass sein Kind dort gar nicht gestorben ist.
Schreiben das Wort »tot« in Anführungszeichen. Andere behaupten, dass Pozner nie ein Kind gehabt habe. Dass er gar nicht
Pozner heiße. Sie bezeichnen ihn als »Arschloch«, »Lügner«,
»Betrüger« – oder wundern sich, wie eine solche erfundene,
»fiktive Person« sich vor Gericht gegen Beleidigung und Bedrohungen wehren kann. Alles Zuschriften, die ihre theoretische
Grundlage in der Vorstellungswelt von »Fake News« und »Lügenpresse« finden. Es ist die Wut der scheinbar Getäuschten.
Dass sie keine handfesten Beweise für eine Täuschung haben,
stört sie dabei nicht.

Immerhin gab es Konsequenzen für die Hasstiraden. Ein Professor wurde deswegen gefeuert. Eine Frau musste ins Gefängnis. Selbst Verschwörungstheoretiker werden bisweilen von der
Wirklichkeit eingeholt.

Internet und Echtheit

Einen wichtigen Bereich haben wir noch nicht angesprochen:
digitale Echtheit. Polizisten, Diamanten und Zeugnisse müssen
wir nur in Ausnahmefällen auf ihre Echtheit hin überprüfen.
Doch Echtheitsfragen sind im 21. Jahrhundert durchaus Alltags-
fragen, die wir uns mehr oder minder bewusst stellen. Vor allem
im Internet ist Zweifeln häufig sinnvoll. Zur Medienkompetenz
gehört die Beantwortung der Frage: Was lese ich da gerade?
Wer spricht mit mir? Ist das Gelesene aller Wahrscheinlichkeit
nach wahr?

In Zeiten von Fake News, Stimmungsmache und Propaganda ist das nicht immer einfach. Fake-Accounts treten als echte Menschen auf – und werden in Wahrheit von Agitatoren betrieben, um gezielt Stimmung zu machen. Nicht nur, dass es manche sich als Absender aufspielende Menschen hinter Fake-Accounts gar nicht gibt; oft betreiben solche Stimmungsmacher eine Vielzahl von Fake-Accounts, zwischen denen sie hin- und herwechseln. Sehr wenige aktive Nutzer sind also für sehr viele Kommentare verantwortlich. Von den *social bots* gar nicht zu reden, also von künstlichen Accounts, die maschinell reagieren und Meinungen zu beeinflussen versuchen.

Und noch weiter: Vermeintliche Nachrichtenseiten werden in Wahrheit nicht von Journalisten, sondern von Privatpersonen betrieben. Ein paar Bilder drauf, dem Ganzen einen wohlklingenden Namen gegeben, Webseitenstruktur imitiert – und schon glauben viele Nutzer, es handele sich um eine *echte* Nachrichtenseite. (Klonen kann man nicht nur Lebewesen, sondern auch digitale Infrastrukturen.)

Als Nutzer und Leser muss ich mich fragen: Was sind die *Eigenschaften* dieser Nachrichtenseite? Dieses Facebook-Accounts? Kann ich etwas über die *Geschichte* dieser Nachrichtenseite, dieses Accounts herausfinden? Postet er erst seit gestern? Auch zu anderen Themen? Wie ist der Tonfall, wird sich wenigstens im Ansatz um eine anderslautende Sichtweise bemüht? Ist alles nur emotional? Oder auch sachlich fundiert? Aus einem solchen Fragenkatalog können wir Indizien ableiten, die uns helfen, digitale Echtheit von digitaler Unechtheit zu trennen. Wer Quellen nicht nennt, Nachrichten emotionalisiert, aus Kleinigkeiten Skandale ableitet – der sollte bei uns unter Verdacht stehen, keine Quelle »echter Nachrichten« oder Informationen zu sein. Täuschungsabsichten lassen sich indirekt ableiten.

Unsere kleine Theorie der Echtheit kann also im Digitalen angewendet werden. Es geht immer darum, Eigenschaften und Geschichte einer Sache in einen Gesamtzusammenhang zu stellen.

Kleine Theorie der Echtheit

Wir fassen zusammen. »*Echt*« und »*unecht*« *sind Begriffe, die ein Sprecher dafür nutzt, um die Wirklichkeit zu beschreiben.* Grundlage ist die stoffliche *und* die soziale Wirklichkeit – oder eine Kombination aus beidem. Die stoffliche Wirklichkeit spielt in erster Linie dann eine Rolle, wenn wir uns auf Physisches beziehen. Ein Diamant ist dann ein echter Diamant, wenn er die Eigenschaften eines Diamanten hat. Gleiches gilt für echtes Leder, echtes Gold oder echten Champagner.

Echtheit zu erkennen, heißt Echtheit anzuerkennen. Dieses (An-)Erkennen ist nicht allein Angelegenheit des Sprechers. Ich kann Kunstleder nicht zu Leder machen, indem ich es »Leder« nenne anstelle von »Kunstleder«. Die Kriterien dafür, was echte Dinge sind und was nicht, sind überindividuell oder intersubjektiv. Überindividuell heißt: Es geht um Gemeinschaft und Kontext. Eine Gemeinschaft von Menschen entscheidet aus dem Zusammenhang heraus, was als echtes Gold gilt oder wer als echter Polizist.

Abstrakt formuliert können wir sagen:

X gilt als *echtes* Y in der Gemeinschaft G, weil G dieses X als Y anerkennt.

Echtheit ist *kollektive Echtheitszuschreibung.* Dieses Anerkennen geschieht mit Bezug auf bestimmte Eigenschaften (»hat einen Schmelzpunkt von 1064 °C«, »ist Schaumwein aus der Champagne«, »hat die Ausbildung zum Polizisten erfolgreich absolviert« usw.).

Relevante Eigenschaften können auch soziale Eigenschaften sein.

Und die folgenden Merkmale sind wichtig, wenn wir über Echtheit philosophieren:

Geschichte. Ein echtes X kommt daher, »wo normalerweise

Xe herkommen«. Diese Echtheitsgeschichte ist nicht zuletzt eine kausale. Echte Diamanten stammen aus der Natur, echtes Geld stammt vom Staat, echte Zeugnisse von Schulen und Universitäten. Stammen Zeugnisse oder Geld aus meinem persönlichen Drucker, sind sie nicht echt. Bastle ich mir meine Polizeiuniform selber, ist sie nicht echt. Wir müssen also etwas über die Herkunftsgeschichte von X erfahren, um auf dieser Grundlage einschätzen zu können, ob wir es als echtes X anerkennen sollten.

Eigenschaften. Unabhängig davon, ob es um echtes Gold, echtes Geld, echte Polizisten oder echte Attentatsopfer-Angehörige geht: Man muss bestimmte Eigenschaften aufweisen, um als Gold, Geld, Polizist oder Angehöriger zu gelten.

Zwischen Eigenschaften und Geschichte besteht dabei ein Zusammenhang. In der Regel: ein kausaler. Ein X hat deswegen diese und jene Beschaffenheit, *weil* es diese und jene Geschichte hat. Geschichte ist insofern Ursachengeschichte. Aber nicht nur. Eine Geschichte zu haben, heißt darüber hinaus, eine soziale Einbettung zu haben.

Wir ergänzen:

X gilt als *echtes* Y in der Gemeinschaft G, weil G dieses X als Y anerkennt. Diese Anerkennung ist nicht willkürlich. Geschichte und Eigenschaften von X sind Grundlage der Echtheitsanerkennung.

Am Beispiel Champagner formuliert:

Veuve Clicquot (X) gilt als echter Champagner (Y) innerhalb der Gemeinschaft der Weinkenner (G), weil Weinkenner Veuve Clicquot als Champagner anerkennen. Handverlesene Trauben, Flaschengärung, ein streng abgegrenztes Anbaugebiet usw. sind Grundlage der Echtheitsanerkennung.

Oder am Beispiel Polizist formuliert:

Max Musterpolizist (X) gilt als echter Polizist (Y) innerhalb der Bundesrepublik Deutschland (G), weil die Bundesrepublik Deutschland und die Bürger Max Musterpolizist als Polizisten anerkennen. Eine körperliche und geistige Eignung, eine mehrjährige erfolgreiche Ausbildung usw. sind Grundlage dieser Echtheitsanerkennung.

Und aus der anderen Richtung gesehen:

Unechtheit steht in einer negativen Relation zum Original (oder auch: einer parasitären, wie ein Parasit, der von seinem Wirtstier lebt). Kunstleder ist vor allem eines *nicht*: echtes Leder. Falschgeld ist vor allem eines *nicht*: echtes Geld. Ein Betrüger, der einen Polizisten spielt, ist vor allem eines *nicht*: ein echter Polizist. Ein Schauspieler, der einen trauernden Vater spielt, ist vor allem eines *nicht*: ein echter trauernder Vater. Besteht Verwechslungsgefahr zwischen echt und unecht, dann deshalb, weil absichtlich oder unabsichtlich – meist absichtlich – eine Ähnlichkeitsbeziehung betont und ausgenutzt wird. Kunstleder *soll identisch oder ähnlich aussehen* wie Leder. Beltracchis gefälschte Gemälde *sollten identisch oder ähnlich aussehen* wie echte Meistergemälde. Anders Breivik hat sich als Polizist verkleidet, um durch diese Ähnlichkeit für einen echten Polizisten gehalten zu werden. Das sind Fälle *bewusster Täuschung.*

Wo liegt aber das Problem bei der Unechtheit? Wenn jemand die Situation ausnutzt. Wo eine Verwechslungsgefahr besteht, vermuten wir eine Täuschungsabsicht. Ob diese besteht oder nicht, gilt es jeweils zu untersuchen. Bei Echtheit oder Unechtheit geht es somit vor allem um eines: Fakten. Um nachprüfbare Fakten.

Wir haben viel über die Probleme bei der Einschätzung von Echtheit gesprochen. Die Unterscheidung von Echtheit und Unechtheit und einer Täuschung ist deshalb wichtig, weil dies in dieselbe Richtung wie Wahrheit und Falschheit deutet.

Kein echtes Ende

Echt und unecht liegen nah beieinander. Manchmal näher, als uns lieb ist. Durch die Blume gesprochen: Plastikpflanzen sehen echt aus, sind es aber nicht. Letztlich sind die Wörter »echt« und »unecht« Bewertungen unserer Realität. Sie sagen etwas darüber aus, was wir aus unserer Perspektive für wahr halten. Das gilt für uns als Individuen sowie für uns als Gemeinschaft. Anhand von Beobachtung und aus Erfahrung schätzen wir die Welt ein. Wie wir gesehen haben: Nicht immer richtig. Eher harmlose Fälle wie die Unsicherheit, ob es sich bei etwas um echtes Leder handelt, gehen nahtlos über in gesellschaftliche Fragen. Ist dieser Mensch vor mir der, der er vorgibt zu sein? Oder will er mich belügen? Betrügen? Das kann wie im Fall des falschen Polizisten Breivik tragische Konsequenzen haben. Deshalb ist es nicht grundsätzlich verkehrt, hier und da ein wenig misstrauisch zu sein. Auf sein Echtheits-Bauchgefühl zu hören.

Bei manchen von uns kippt ein grundsätzlich gesundes Misstrauen jedoch in einen verschwörungstheoretischen Zweifel. Bei diesen Verschwörungstheoretikern schlägt vor allem die Frage nach sozialer Echtheit hohe Wellen. Überall vermuten sie Lügner, Betrüger, Schauspieler. Sie fühlen sich von einer Medienmaschinerie getäuscht. Einer Medienmaschinerie, die auf nichts anderes ausgerichtet ist als darauf, die echte Wahrheit zu verdrehen. Diese Denkweise ist kein Randphänomen – sie ist bei Millionen von Menschen bestimmend. Die Opfer der Lügenpresse sind quasi vom Glauben abgefallen. Vom Glauben an die Verlässlichkeit der Medien, der Aufrichtigkeit ihrer Mitmenschen allgemein. Sie leben in einer feindlichen, auf Täuschung angelegten Umwelt.

Manche von ihnen macht das wütend, aggressiv. Solche Wutbürger teilen gegen jene aus, die sie vermeintlich täuschen und manipulieren. Weil man an die Hintermänner der Inszenierung nicht herankommt, werden häufig Journalisten selbst und jene zum Ziel erwählt, über die sie berichten. Menschen wie Lenny Pozner.

Der Glaube daran, dass alle Presse Lügenpresse ist, an False-Flag-Operationen mit Schauspielern oder gar an eine allumfassende Täuschung: Als Einzelner mag man darunter subjektiv fälschlicherweise leiden. Die irrtümliche Überzeugung, getäuscht zu werden, enthebt allerdings nicht ganz realer Konsequenzen. James Cohn, der Richter (vermutlich kein Schauspieler-Richter), der Lucy Richards, eine Sandy-Hook-Hetzerin, zu einer Gefängnisstrafe verurteilte, weil sie Lenny Pozner bedrohte, tat dies mit folgenden Worten:

> »Dies ist die Realität und keine Fiktion. Es gibt keine alternativen Fakten.«[7]

Die möglichst wahre Beschreibung der Wirklichkeit ist und bleibt das übergeordnete Problem in einer unordentlichen Welt. Deshalb untersuchen wir im nächsten Kapitel, was eine verschwörerische Weltsicht bedingt, wie diese Mitmenschen ticken und was sie zu ihrer Weltsicht motiviert.

V wie Verschwörung. Über Wahrheit und Manipulation

Sie sind hinter dir (her)

Ist die Erderwärmung von falschen Experten erlogen? Oder noch schlimmer: von Chinesen? Um die Weltherrschaft an sich zu reißen? Werden Kinder in Wahrheit durch Impfungen krank? Und diese ganzen Flüchtlinge: Steckt Angela Merkel wirklich hinter der Flüchtlingskrise? Gibt es eine gezielte Islamisierung Europas? Aber vor allem: Für wen lügt die Lügenpresse?

Fragen über Fragen.

Verschwörungstheoretische Fragen.

Mal ist der Klimawandel ausgedacht, fast immer sind die Eliten korrupt.

Am Anfang des dritten Jahrtausends schwinden die Gewissheiten.

Verschwörungstheorien haben Hochkonjunktur. Zumindest gefühlt. Und gefühlte Wahrheiten sind die neuen Fakten.

Doch der Reihe nach. Was sind Verschwörungstheorien überhaupt? Die naive Antwort lautet: Vermutungen über Verschwörungen. Was zählt als Verschwörung? Und was nicht?

Die Erderwärmung: Hokuspokus.

Kondensstreifen: Giftig.

Merkel: Verrät uns.

In diesem Kapitel werden wir solchen und ähnlichen Thesen auf den Grund gehen. Weniger ihrem jeweiligen Wahrheitsgehalt und mehr ihrer grundsätzlichen Wahrheitslogik. Wie so viele Menschen vor uns werden wir abdriften in die Welt der Konspiration. Denn wenn Millionen Leute an dunkle Machenschaften glauben, an Lug und Trug und Täuschung – dann wird da ja wohl etwas dran sein, ODER?

Wagen wir einen Blick hinter den Vorhang.

Willkommen in der Welt von Wahrheit und Verschwörung.

Will man wissen, was eine Sache ihrem Wesen nach ist, ist es ratsam, sich die Sache, die man untersucht, in möglichst verschiedenen Ausprägungen anzuschauen. Studiert man z. B. Reptilien, verschafft man sich am besten einen guten Überblick – für diesen Überblick ist das Nilkrokodil genauso interessant wie die Kornnatter, die Meeresschildkröte ähnlich wichtig wie die Eidechse oder das Chamäleon. Durch genaues Hinsehen und Verstehen erkennt man, was die einen mit den anderen verbindet bzw. sie von diesen trennt. Am Ende steht ein detailliertes Ergebnis darüber, was Reptilien sind und wie die eine Spezies mit der anderen in Beziehung steht.

Beim Grundstudium von Verschwörungstheorien verfahren wir ähnlich. Indem wir verschiedene Exemplare dieser Gattung untersuchen und miteinander vergleichen, erkennen wir Gemeinsamkeiten und erkennen Unterschiede. Zum Glück sind Verschwörungstheoretiker schon vor dem Zeitalter des Internets keine Seltenheit gewesen (man denke nur an die »Weisen von Zion« oder die Theorien über die gefakte Mondlandung); spätestens seit dem Aufkommen der sozialen Medien finden wir in quasi jeder Kommentarspalte mindestens einen. Verschaffen wir uns also einen Überblick.

Die Islamisierung durch Chemtrails. Kleine Verschwörungskunde

Auf den nächsten Seiten präsentiere ich eine Zusammenfassung sehr beliebter Verschwörungstheorien jeweils aus Sicht ihrer Anhänger. Also, lieber Leser, setzen Sie Ihren Aluhut auf und folgen Sie mir (… aber unauffällig).

»Impfen ist Körperverletzung! Die Pharmafirmen wollen, dass wir uns und unsere Kinder impfen – weil sie nur so ihre Impfstoffe verkaufen können. Allerdings sind es die Impfungen selbst, die krank machen. Und wenn wir krank sind, brauchen wir wieder den Rat der Ärzte und die Medikamente der Pharmafirmen. Ein korrupter Kreislauf! Außerdem ist der Zusammenhang zwischen Impfungen und Autismus bewiesen. Impfungen sind Teil eines Komplotts gegen das gesunde Volk!«

Das glauben etwa 10,5 % der Deutschen (2016).[2]

#Klimalüge

»Der Klimawandel und die Erderwärmung sind ausgedacht von jenen, die davon profitieren – Wissenschaftler, Eliten, Öko-Aktivisten! Mal ist der Planet eben wärmer, mal kälter. So ist das halt. Selbst wenn es in den letzten Jahren einen Temperaturanstieg gegeben haben sollte (was viele bezweifeln), dann ist das letztendlich alles normaler Teil der Erdentwicklung. Es gibt keinerlei Beweis dafür, dass der Mensch durch sein Handeln irgendeinen Einfluss auf Klimawandel oder Erderwärmung hat. Wer das Gegenteil behauptet, lügt (vermutlich bezahlt).«

Videos

Nobelpreisträger entlarvt die KlimaLÜGE!!! BITTE teilen!	MDR spricht erstaunlich offen über die Klimalüge !!! Das CO2 Märchen	Wie die Klimalüge entstand
Systemknkiker	Daniel Dusentrieb	FMD's TV-Channel
YouTube · 17.02.2017	YouTube · 02.05.2016	YouTube · 10.02.2017

»Ja, ja der Klimawandel ist ein sehr gutes, einträgliches Geschäftsmodell. Da muss die Angst und das schlechte Gewissen der Bürger aufrechterhalten werden. Damit lässt sich leichter den Bürgern das Geld aus der Tasche ziehen. Wir werden damit so richtig abgezockt. Traurig ist, viele merken es nicht.«[3]

Den globalen Klimawandel verneinen 6 % der Deutschen (2015).[4]

#Chemtrails

»Das Wetter wird manipuliert! *Wir* werden durch das Wetter manipuliert. Mit Chemie. Die angeblichen Kondensstreifen, die Flugzeuge hinter sich herziehen, sind in Wahrheit gefährliche Giftcocktails. Chemiestreifen. Sogenannte Chemtrails. Was viele nicht wissen: Regierungen weltweit ergänzen Flugzeugtanks um ihre Spezialgemische. Koordiniert. Welche Ziele sie verfolgen? Bevölkerungsreduktion, Geburtenkontrolle; denkbar – und zuzutrauen! – ist alles!«

Das glauben etwa 18 % der Deutschen (im Jahr 2017).[5]

#Umvolkung

»Immer mehr Flüchtlinge kommen nach Deutschland. Zufällig? Keineswegs! Die Politik versteckt sich zwar hinter humanistischen Idealen. Doch im Geheimen planen sie: Die Umvolkung der EU. Den Großen Bevölkerungsaustausch. Die *Islamisierung*. Das deutsche Volk soll so gezielt unterwandert werden. Sie wollen, dass ein neues Volk entsteht. Hörig und leicht zu regieren. Weniger widerspenstig. Multikulti-Stimmvieh für die Mächtigen!«

Das glauben etwa 9 % der Deutschen (2017).[6]

Dr. Maximilian Krah
@KrahMax

Diese 1,4 Millionen Migranten sind hier, weil es politisch gewollt ist. Und es werden immer mehr, wenn es nicht gestoppt wird. Es ist der größte #Bevölkerungsaustausch seit Ende des Zweiten Weltkriegs #Umvolkung #Merkel

#FakeTerror

Das Breitscheidplatz-Attentat als falsche Flagge

Variante 1 (moderate Variante): Die Regierung war es.

»Der Anschlag auf den Berliner Weihnachtsmarkt an der Berliner Gedächtniskirche (Breitscheidplatz) wurde in Wahrheit durch die Bundesregierung selbst orchestriert! Anis Amri ist nur ein Sündenbock. Tatsächlich war es ein skrupelloser Anschlag der Regierung auf ihre eigenen Bürger. Unschuldige wurden geopfert, um eine Rechtfertigung für strengere Überwachungsgesetze zu haben. Stück für Stück soll uns die Freiheit genommen werden!«

Videos

LKW-Terror in Berlin - Anschlag unter Falscher Flagge	Falsche Flagge Attentat planen (Lehrgang für die Mächtigen)	LKW-Terror in Berlin - Anschlag unter Falscher Flagge
World War Three TV YouTube · 20.12.2016	Die Wahrheit ist in Dir YouTube · 05.12.2015	Thelma Barton YouTube · 24.08.2017

Variante 2 (radikale Variante): Alles nur inszeniert.

»Es gab nie einen Anschlag im Dezember 2016 auf den Breitscheidplatz! Niemand ist gestorben. Was uns die Medien zeigen, ist eine Inszenierung. Fake News. Im Auftrag der Mächtigen zeigt uns die Lügenpresse Schauspieler, die so tun, als wären sie Zeugen, Verletzte, Beamte. Alles ein großes Theaterstück, das einem internen Drehbuch folgt! Mit diesem Schauspiel als Rechtfertigung will die Regierung ihren Kontrollapparat ausbauen. Uns alle überwachen!«

#Reichsbürger

»Der Status der Bundesrepublik Deutschland ist ungültig! Genauer gesagt gibt es gar keinen unabhängigen deutschen Staat. Die Bundesrepublik ist in ihrer jetzigen Form nämlich weder legitim noch souverän. Sie ist in Wahrheit ein von ausländischen Mächten abhängiger Scheinstaat. Tatsächlich existiert das Deutsche Reich fort. Das will man uns verschweigen. An einen nicht legitimen Staat wie die Bundesrepublik muss niemand Steuern zahlen, niemand sollte seine Gerichtsbeschlüsse anerkennen. Wir müssen uns wehren!«

Das glauben deutlich über 10 000 Deutsche (2018)[7]: Wer einen Personalausweis hat, ist Personal der GmbH ...

#DerFalschePutsch

Der Putsch-Versuch in der Türkei als falsche Flagge

Variante 1: Aus dem Ausland gesteuert.

»Das türkische Militär, das im Juli 2016 vergeblich Präsident Erdoğan stürzen und die Macht übernehmen wollte, wurde vom Ausland aus gesteuert. Der in den USA lebende Anführer der Gülen-Bewegung hat seine Finger im Spiel!«

Variante 2: Von Erdoğan inszeniert.

»Der Putsch-Versuch des türkischen Militärs im Juli 2016 ist gescheitert, weil er scheitern *sollte*. Erdoğan hat ihn selbst inszeniert. Auf diese Weise hat Präsident Erdoğan die Gelegenheit, seine Anhänger hinter sich zu versammeln und gleichzeitig Grund, hart gegen seine Gegner vorzugehen. Die Inszenierung ebnet ihm den Weg vom Rechtsstaat hin zur Autokratie!«

Der 11. September als falsche Flagge

»Die Anschläge auf das World Trade Center haben so nie stattgefunden! Die CIA hat entweder alles gewusst und geschehen lassen (»let it happen«) oder gar alles geplant und selbst durchgeführt (»made it happen«). Die Sache ist ein *Inside Job*! Anschließend haben sie es so aussehen lassen, als hätte Osama bin Laden etwas damit zu tun. Sündenbock! Typisch *falsche Flagge*! Für eine perfekte Inszenierung und möglichst viel Wirkung wurden beide Türme gezielt *gesprengt*. Durch diesen fingierten Angriff hatten die USA die Gründe für ihren nächsten Krieg!«

Das glauben etwa 17 % der Deutschen (2017).[8]

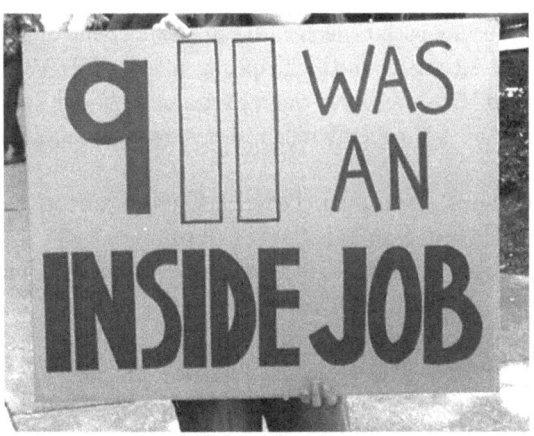

Immerhin: ein sauber gemaltes Plakat.

Das alles sind Verschwörungstheorien.

Oder sind sie das wirklich?

Kommt ganz darauf an, wen man fragt.

Erzähl mir mehr. Die Verschwörungstheorie als Erzählung

Für nicht wenige Menschen sind abstruse Theorien keine abstrusen Theorien, sondern schlichtweg die Wahrheit. Mehr
noch: Eine solche Wahrheit »Verschwörungstheorie« zu nennen, ist aus ihrer Sicht eine Beleidigung. Eine Beleidigung?
Scheren sich die »Verschwörungstheoretiker« überhaupt um Beleidigungen? Beleidigung hin oder her: Der Psychologe Michael
Wood fand heraus, dass eine Theorie »Verschwörungstheorie«
zu nennen ihre Anhänger keineswegs davon abhält, weiterhin
fest an ihren Inhalt zu glauben.[9] Das Etikett an sich hat also keine
negative oder gar abschreckende Wirkung. Der Begriff »Verschwörungstheoretiker« mag vielleicht manche Liebhaber konspirativer Gedanken kränken; so genannt zu werden, bringt
allerdings niemanden von seinem gedanklichen Irrweg ab.

Von außen, aus Beobachterperspektive betrachtet, sind diese
Netzwerke von Aussagen und Behauptungen jedenfalls Verschwörungstheorien – und zwar ziemlich populäre Verschwörungstheorien. Wie wir sehen werden, sind sie alles andere als
harmlos.

Sezieren wir unsere exemplarischen Verschwörungstheorien.
Gibt es Gemeinsamkeiten? Gibt es Differenzen?

Setzen wir unser analytisches Skalpell an der Außenhaut an
und arbeiten wir uns Schnitt für Schnitt vor.

Grundsätzlich sind das, was wir Verschwörungstheorien
nennen, nichts anderes als Geschichten über die Welt. Sie erzählen uns etwas über das, was passiert. Beschreiben uns Zusammenhänge in der Welt über einen Erzähler, der diese Zusammenhänge darlegt.

Die Impfgegner-Erzählung beschreibt Impfstoffe als Teil eines mafiösen Komplotts. Die Erzählung, es gäbe gar keinen von Menschen verursachten Klimawandel, schildert die Erderwärmung als erfundenes oder zu vernachlässigendes Phänomen. Die Chemtrail-Erzählung handelt von Wettermanipulation und heimlichen staatlichen Chemieangriffen auf die Bevölkerung. Die rassistische Umvolkungs-Erzählung bzw. die Islamisierungs-Erzählung warnt vor einem gesteuerten gesellschaftlichen Wandel. Die *moderate* Breitscheidplatz-falsche-Flagge-Erzählung bezieht sich auf eine Regierung, die für ihre Ziele Menschen opfert. Die *radikale* Breitscheidplatz-falsche-Flagge-Erzählung sieht ein großes Täuschungsmanöver einer freiheitsfeindlichen Regierung am Werk. Die Reichsbürger-Erzählung spricht von einem illegitimen Staat, der seine Bürger drangsaliert. Die erste Türkei-Putschversuch-Erzählung sieht fremde Mächte als Urheber eines geplanten Umsturzes, die zweite Türkei-Putsch-Erzählung zeichnet das Bild eines skrupellosen Präsidenten, der wirklich alles tut, um seine Macht zu vergrößern. Die Falsche-Flagge-Erzählung des 11. September vermittelt den Eindruck eines gewissenlosen Staatsapparates, der sogar seine eigene Bevölkerung massenhaft ermordet, sofern es seinen geopolitischen Interessen dient.

Wenn ich diese Verschwörungstheorien als »Erzählungen« bezeichne, bedeutet das nicht, dass sie »bloß Geschichten« sind, bloße Erdichtungen oder Erfindungen. Nein, im Gegenteil. Als Erzählungen sind sie *Geschichten mit einem Wahrheitsanspruch.* Sie haben alle den Anspruch, die Wirklichkeit präzise zu beschreiben. Erzählungen in unserem Sinne sind also keineswegs Märchengeschichten. Keine Stories, aus denen man im übertragenen Sinne eine Moral ableitet. Verschwörungserzählungen versuchen, Wirklichkeit fassbar zu machen; sie sind Wirklichkeitsbeschreibungen, von denen ihre Anhänger meinen, dass sie die Realität wahrheitsgetreu und unverfälscht darstellen.

Authentisch. Den Erzählern geht es nicht um Schein, sondern um Sein. Um das, was faktisch tatsächlich vor sich geht. In Wirklichkeit. Echt.

Eine Verschwörungstheorie ist so gesehen der Versuch einer alternativen Wahrheitserzählung. Sie soll der »offiziellen Story« gegenüberstehen – entweder als nicht weniger plausible oder, in den meisten Fällen, sogar plausiblere Erklärung der Geschehnisse. Eine Verschwörungstheorie ist also ein weiterer menschlicher Versuch, die Welt möglichst wahr zu beschreiben. Lügenpresse, Breitscheidplatz, Bevölkerungsaustausch – für Anhänger dieser Theorien sind dies legitime, berechtigte Weltbeschreibungsversuche. Sinnangebote für Sinnsuchende. Für die, die diese Erzählungen als Erklärungsmuster verwenden, sind sie völlig angemessen, ja, angemessener als die üblichen Erzählungen.

Das Porsche-Beispiel. Zwischen Handlung und Ereignis

Wagen wir einen kleinen gedanklichen Exkurs: Sie sind mit Ihrem Porsche im Urlaub. Südfrankreich. Sie fahren auf einer idyllischen Küstenstraße, die sich am Mittelmeer entlangschlängelt. Auf der einen Seite Wasser, auf der anderen eine Steilwand. Die Sonne scheint, die Laune ist gut.

Plötzlich ein Knall!

Vollbremsung. Der Wagen hält. Niemand ist verletzt.

Nach dem ersten Schock stellen Sie fest: Ein faustgroßer Stein hat sich vom Abhang gelöst und ist mitten auf der Motorhaube gelandet. Verdammt! Ihr armer Porsche hat eine Delle.

Das ist Szenario eins.

Jetzt kommt Szenario zwei.

Alles bleibt unverändert. Wieder Sie, wieder der Porsche, wieder ein Knall, wieder ein Stein, wieder sonst nichts passiert (Glück gehabt).

Doch diesmal gibt es einen Unterschied.
Diesmal habe ich den Stein geworfen.

Worin besteht der Unterschied zwischen einem faustgroßen Stein, der sich von einem Abhang löst und auf Ihr Auto fällt, und einem faustgroßen Stein, den ich auf Ihr Auto werfe? In beiden Fällen fliegt ein Stein auf Ihr Auto. In beiden Fällen hat Ihr Auto einen Lackschaden. Vielleicht ist die Delle sogar gleich tief, die Reparatur gleich teuer.

Der Unterschied liegt steinschwer auf der Hand.

Ein sich zufällig vom Abhang lösender Stein *fällt*. Es steht keine Absicht (von wem oder was auch immer) dahinter. *Der Fall passiert.*

Ein von mir absichtlich geworfener Stein hingegen ist, nun ja, eben *absichtlich geworfen worden*.

Die Absicht bzw. die Handlung markiert den Unterschied zwischen *fallen* und *werfen*. Zwischen passieren und tun.

Ein fallender Stein ist ein *Ereignis*.

Ein Steinwurf ist eine *Handlung*.

Nicht nur auf philosophischer Ebene ein Riesenunterschied.

Was hat ein Steinwurf mit unseren Verschwörungstheorien zu tun? Mit der Islamisierung und den Reichsbürgern und den mordlustigen Regierungen?

Die Antwort findet sich im Handlungsbegriff. Verschwörungstheoretiker denken, dass wir falschliegen, wenn wir davon ausgehen, dass sich zufällig ein Stein vom Abhang gelöst hat, obwohl doch jemand heimlich aus den Büschen einen Stein hätte werfen können – oder vielleicht sogar geworfen hat. Sie denken, dass Dinge anders als von uns gedacht ablaufen oder abgelaufen sind. Weil sie die »offiziellen« Beschreibungen der Wirklichkeit anzweifeln oder ganz ablehnen, präsentieren sie Gegengeschichten. Steinwurfgeschichten. Sie wenden sich an die vermeintlich Gutgläubigen und sagen: »Viele Steine, die deiner Meinung nach gefallen sind, wurden in Wahrheit geworfen. Die meisten Steine *fallen* nicht *zufällig*. Sie werden *absichtlich geworfen*. Aus dem Hinterhalt.«

Dieses Denken nennt man intentionalistisch: Es muss eine Absicht hinter etwas stehen, jemand muss für eine Handlung verantwortlich sein, denn nichts Relevantes geschieht von selbst. Absichten dort zu vermuten, wo (vermutlich) keine sind, oder sie dort, wo sie vorhanden sind, grotesk überzuinterpretieren; das nenne ich *hyperintentionalistisch*.[10]

Verschwörungstheorie, die: Skizze eines Begriffs

Nehmen wir den Begriff »Verschwörungstheorie« genauer unter die Lupe. Wie funktionieren diese Gegenerzählungen?

Was verbindet sie strukturell?

Eines scheint klar. Wenn wir sagen, dass bezüglich Ereignis X eine Verschwörung im Gange ist, meinen wir: Eine Verschwörung liegt dann vor, wenn auf den ersten Blick unproblematische, normale Geschehnisse einen verborgenen Sinn haben sollen und deshalb bedrohlich werden.

Oder in Kurzform:

Es gibt Hintermänner.

Eine Verschwörungstheorie bezeichnet also zunächst einmal eine Theorie über solche Hintermänner. Ein Beispiel: Gute Verschwörungen, also solche, von denen aus Sichtweise ihrer Anhänger kaum oder keine Bedrohung ausgeht, sind eher selten, doch es gibt sie. Denken wir an einen beliebten winterlichen Mann mit Rauschebart und guten Absichten. Sollten Kinder anfangen, an der »offiziellen Weihnachtsstory« zu zweifeln, und die Vermutung hegen, es gebe gar keinen Weihnachtsmann, sondern nur eine Verschwörung aller Erwachsenen, die gegenüber Kindern so tun, als gäbe es einen Weihnachtsmann – dann lägen sie mit dieser Verschwörungstheorie goldrichtig. In der Regel ist mit »Verschwörungstheorie« jedoch keine in diesem Sinne positive Verschwörung gemeint.[11] Denn so, wie wir den Begriff verwenden, impliziert er, dass die Verschwörungstheorie nicht nur zur Erklärung von Realität, sondern zur Erklärung eines Gefühls von Bedrohung und Ausgeliefertsein an bedrohliche Feinde verwendet wird – quasi als Blitzableiter.

Hintermänner: also Strippenzieher. Steinewerfer. Menschen, die Einfluss ausüben wollen. Mal ist es die Pharmaindustrie, mal die Regierung, mal ein Schurke im Ausland.

Diese Strippenzieher haben vor allem eins: Absichten.

Stellt sich nur die Frage: Was für Absichten?

Die Antwort ist klar: Selbstverständlich nur böse Absichten.

Wenn wir sagen, dass bezüglich Ereignis X eine Verschwörung im Gange ist, meinen wir:

Es gibt Hintermänner mit bösen Absichten.

Böse Absichten könnten uns ja relativ egal sein, wenn sie sich nicht als Handlung konkretisieren würden. Es geht nicht um die bloße Absicht, um den diffusen Plan, einen Stein zu werfen – es wurden wirklich Steine geworfen, zumindest aus verschwörungstheoretischer Sicht. Es besteht weiterhin eine Bedrohung. Eine *Gefahr*. Die Gefahr besteht deshalb auch weiterhin, weil die Urheber von Verschwörungen *mächtig* sind. Sie sind sozusagen mächtig gefährlich. Wir ergänzen also:

Es gibt gefährliche Hintermänner mit bösen Absichten.

Dass das alles im Geheimen stattfindet, steckt schon im Begriff »Hintermänner«. Doch schaffen die es irgendwie, dass man anderen Geschichten mehr glaubt: Es gibt ja offizielle, von den meisten akzeptierte Erzählungen zum 11. September, zu Kondensstreifen und zur Migration. Aus Sicht des Verschwörungstheoretikers sind das aber: Lügen. Täuschungen. Ablenkungsmanöver. Falsche Flaggen. Zur Definition der Verschwörungstheorie gehört also auch der Aspekt, dass die wahren Geschichten (irgendwie) unterdrückt werden.

Wenn wir also behaupten, dass bezüglich Ereignis X eine Verschwörung im Gange ist, meinen wir:

Es gibt gefährliche Hintermänner mit bösen Absichten. Über den wahren Lauf der Dinge werden wir jedoch belogen und getäuscht.

Genau aus dieser These stammt die Abneigung der Verschwörungstheoretiker gegenüber der »offiziellen Geschichte«. Es handelt sich hier um eine strukturelle Ablehnung. Weil die offizielle Geschichte aus ihrer Sicht nichts anderes ist als eine dreiste Lüge. Eine böswillige Erfindung. Was in Wahrheit passiert, wird die Öffentlichkeit nicht erfahren. Weil sie es nicht sehen, nicht erfahren *darf.*

In Wahrheit ist A ein B – Über Etiketten und Ziele

Verschwörungstheoretiker wenden einen recht einfachen Mechanismus an. Findet ein bedeutendes Ereignis A statt (sei es ein Terroranschlag, ein Amoklauf, eine Katastrophe oder ganz allgemein der gesellschaftliche Wandel), sind Verschwörungstheoretiker mit folgender Formel zur Stelle:

1) A ist in Wahrheit nicht / kein A, sondern B.
2) B wurde insgeheim von Verschwörergruppe V geplant und durchgeführt, um Ziele Z zu erreichen.

Das ist das Kernstück des konspirativen Denkens. Es geht um die Umdeutung bzw. Neuinterpretation von Inhalten, von denen bereits eine allgemein akzeptierte Deutung (d. h. eine öffentliche Erzählung) besteht. Die Umdeutungslogik folgt dabei einem ähnlichen Muster: Eine Verschwörergruppe täusche aus dem Hinterhalt über die wahre Natur eines Sachverhalts hinweg, um so insgeheim ihren manipulativen Zielen nachgehen zu können.

In diese Grundformel können Verschwörungstheoretiker so gut wie jedes gesellschaftlich relevante Ereignis fassen.

Am Beispiel Migration:

1) Migration ist in Wahrheit gar nicht Migration, sondern Umvolkung.
2) Umvolkung wird insgeheim von einer globalen Elite geplant und durchgeführt, um die Nationalstaaten zu destabilisieren.

Am Beispiel Breitscheidplatz-Anschlag:

1) Der islamistische Terroranschlag auf den Breitscheidplatz ist in Wahrheit kein islamistischer Terroranschlag, sondern ein staatlicher Angriff auf die eigenen Bürger.
2) Dieser staatliche Angriff auf die eigenen Bürger wurde insgeheim von der Merkel-Regierung geplant und durchgeführt, um strengere Überwachungsgesetze durchzubekommen.

Am Beispiel Impfungen:

1) Impfungen sind in Wahrheit keine sinnvollen Präventivmaßnahmen gegen Krankheiten, sondern gefährliche Eingriffe in den Körper.
2) Diese gefährlichen Eingriffe in den Körper werden insgeheim von Medizinern und der Pharmalobby geplant und durchgeführt, um möglichst viel Geld zu verdienen.

Am Beispiel freie Medien:

1) Freie Medien sind in Wahrheit keine freien Medien, sondern insgeheim von den Mächtigen gesteuerte Meinungsmache und Propaganda.
2) Diese Meinungsmache und Propaganda wird insgeheim von einer Elite geplant und durchgeführt, um die Bürger für dumm zu verkaufen.

Nehmen wir uns eine Minute Zeit und würdigen die Abertausenden Menschen, die bei der Inszenierung der sechs Mondlandungen beteiligt waren – und danken ihnen, dass sie nun ein halbes Jahrhundert lang die Klappe gehalten haben.
Nein, im Ernst: Das müssen wir nicht. Warum? Nicht nur, weil die Mondlandungsverschwörungen absoluter Unsinn sind, sondern auch, weil man mit Tausenden von Mitwissern einfach kein Geheimnis bewahren kann. Jedenfalls nicht für lange Zeit, geschweige denn gar auf ewig. Der Physiker Robert Grimes hat ein mathematisches Modell entwickelt, das veranschaulicht, dass jede größere Verschwörung nach einiger Zeit aus mangelnder Geheimhaltung zusammenbricht. Je mehr Leute involviert sind und je länger die Schweigedauer, desto größer die Wahrscheinlichkeit, dass einer nicht dichthält und alles ausplaudert. Der Glaube an eine inszenierte Mondlandung würde angesichts der großen Teilnehmerzahl keine vier Jahre aufrechterhalten werden können, so Grimes.[12]

Gott und die Welt. Die Inhalte von Verschwörungstheorien

Was sind nun aber die Gegenstände von Verschwörungstheorien? Taugt jedes Ereignis gleichermaßen dazu, zum Gegenstand einer großen Hintermännertheorie zu werden?

Wie diese Suggestivfrage bereits nahelegt: Nein.

Erderwärmung, Terroranschläge, Migrationsbewegungen – Gegenstände von Verschwörungstheorien sind Ereignisse und Abläufe *von öffentlichem Interesse*. Das Thema muss irgendwie gesellschaftlich wichtig sein. Sollte die Torte bei Tante Käthes Geburtstag nicht geschmeckt haben, wird eine Verschwörungstheorie darüber, dass die verantwortlichen Bäcker sich gegen das Geburtstagskind verschworen und absichtlich schlecht gebacken haben, kaum Anhänger finden. Mehr Anhänger könnte eine Verschwörungstheorie bekommen, die besagt, dass alle Bäcker deswegen besonders zuckerhaltige Backware verkaufen, weil sie mit der Zuckerindustrie unter einer Decke stecken, um die Bevölkerung möglichst zuckersüchtig zu machen, und so auch einen frühen Tod von Tante Käthe in Kauf nehmen – oder diesen sogar bewusst einplanen.

Der Unterschied zwischen beiden Theorien liegt in Folgendem: Die eine hat gesellschaftliche Relevanz, die andere nicht. Bei der einen geht es um eine Privatperson bzw. eine Familie, bei der anderen um quasi alle Personen und Familien. Der Gegenstand einer Verschwörungstheorie muss also primär *von allgemeinem Interesse* sein – in der Regel so, dass auch eine abstrakte Gefahr für die Allgemeinheit besteht. Ohne Bedrohung kein Interesse.

Die geheime Anziehungskraft. Wieso glauben Menschen an Verschwörungen?

Vorab: Der Glaube an Verschwörungen hat nichts Krankhaftes, Irres, nichts Pathologisches. Paranoia und Wahn gibt es zweifellos – doch sehr viele »ganz normale Bürger« essen morgens ihre Käsestulle, fahren schläfrig zur Arbeit und glauben nebenbei der einen oder anderen Verschwörungstheorie ohne jegliches Anzeichen für eine psychische Krankheit. Und ohne mit der Wimper zu zucken. Ob Impfgegner, Klimawandelleugner, Reichsbürger oder 9/11-Hobbygutachter: Addiert man die Zahl der Menschen, die an mindestens eine Verschwörungstheorie glauben, geht sie sowohl in Deutschland als auch in den USA jeweils locker in die zweistelligen Millionen. Das ist empirisch belegte Wahrheit und keine Verschwörungstheorie meinerseits.

So glaubten alleine etwa 20 % der US-Amerikaner im Jahr 2015, dass ein Zusammenhang besteht zwischen Impfungen und Autismus – was nachgewiesenermaßen (aber was heißt das schon?) Quark ist. Diese unhaltbare Behauptung, hier bestünde ein Zusammenhang, geht auf Andrew Wakefield zurück, einen ehemaligen Mediziner, der aus guten Gründen mittlerweile mit Berufsverbot belegt ist, da seine unwissenschaftlichen, tendenziösen und fachlich falschen Texte zum Thema Impfungen ab Ende der 1990er zu einem Rückgang der Impfbereitschaft führten. Dieselbe Umfrage ergab, dass 37 % der US-Amerikaner die Erderwärmung für einen »Schwindel« (für einen *hoax*) halten.[13]

Was sind die Gründe hierfür?

Auf den nächsten Seiten will ich mit Hilfe sozialpsychologischer Forschung erläutern, warum Verschwörungstheorien so immens attraktiv wirken können – und warum so viele Menschen lieber an Verschwörungstheorien glauben als an die »offiziellen Geschichten«, d. h. die dominanten Weltbeschreibungen. Wie man es also dreht und wendet: Verschwörungsdenken ist ein Mainstream-Phänomen.[14] – Und das ironischerweise, wenn man bedenkt, dass Verschwörungstheorien ja gerade Anti-Mainstream-Erklärungen sind.

Die Macht des Puppenspielers. Über Kontrolle

Was kümmert es mich eigentlich, wenn irgendwer irgendwo in der Ferne vielleicht irgendwelche Strippen zieht? Kann mir doch egal sein. Oder?

Nein. Ganz egal kann es mir nicht sein.

Warum?

Die Antwort lautet: Kontrolle.

Als moderne Menschen wollen wir ein selbstbestimmtes Leben führen. Wir wollen gestalten. Unser eigenes Schicksal lenken, so gut es geht.

Ein kurioses Sinnbild dafür, dass unser menschlicher Wunsch nach Kontrolle und eine Furcht vor Kontrollverlust sich seltsame Themen suchen, findet sich in der Tatsache, dass es Verschwörungstheorien über selbstfahrende Autos bzw. das autonome Fahren gibt. Hier gibt man buchstäblich die Führung aus der Hand. Gerhard Wisnewski, seines Zeichens Vordenker deutscher Aluhüte, sieht sich angesichts der Möglichkeit schwindender menschlicher Fahrzeugkontrolle voller konspirativer Besorgnis zu folgender Schlussfolgerung verleitet:

»Was beweist, dass es hierbei nicht um Fahrkomfort geht […], sondern darum, schnellstmöglich eine Technologie zu entwickeln und unters Volk zu bringen, bei der – anders als bei bisherigen Autos – letztlich der Staat am Steuer sitzt.«[15]

Genau das ist der Punkt: Verschwörungen gefährden deine und meine Autonomie. Die Möglichkeit wirklicher Verschwörungen kratzt an unserem modernen Selbstbild. Wenn fremde Mächte die Gesellschaft heimlich aus der Ferne kontrollieren, sind wir nämlich gar nicht so frei, wie wir es gerne wären. Der Verschwörungstheoretiker sieht sich gegen seinen Willen manipuliert. Er selbst, sein Leben, sein Auto – alles gegen den eigenen Willen gesteuert. Ihm geht es um Selbstbestimmung im Gegensatz zu Fremdbestimmung. Dass das Gefühl des Fremdbestimmtseins des Verschwörungstheoretikers in Wahrheit Quatsch ist und mit an Sicherheit grenzender Wahrscheinlichkeit in Wirklichkeit niemand heimlich »hinter allem« die Strippen zieht, ändert nichts daran, dass er so *fühlt*. Und die gefühlten Wahrheiten sind bekanntlich die wirksamsten und damit auch: die gefährlichsten.

Den Begriff »Verschwörungsdenken« werde ich im Folgenden häufiger verwenden. Forscher sprechen in diesem Zusammenhang von einer »conspiracy mentality«, einer »Wir-werden-von-den-Mächtigen-getäuscht«-Haltung. Die hängt nicht von einzelnen Verschwörungstheorien ab, sondern ist grundsätzlicher Natur.[16]

Der Zusammenhang zwischen Kontrollbedürfnis und solchem Verschwörungsdenken ist vielfach untersucht worden.[17] In einer Studie der Psychologen Jan-Willem van Prooijen und Michele Acker wurden Probanden in drei Gruppen aufgeteilt.[18] Alle drei Gruppen aus Amsterdamer Bürgern sollten einen Fragebogen über ein umstrittenes Städtebauprojekt ihrer Heimatstadt beantworten. Es ging um den aufwendigen Bau eines neuen U-Bahn-Tunnelsystems zwischen Nord-Amsterdam und Süd-Amsterdam. Das Thema hatte bereits viele Gemüter erhitzt. Vielleicht war es ebenso umstritten wie der Bau des Großflughafens BER. Nebenbei bemerkt: Zum architektonischen Debakel BER gibt es im deutschsprachigen Raum auch Verschwörungstheorien: So dürfe der Flughafen BER nicht öffnen, weil Putin höchstpersönlich die Finger im Spiel hat (oder es wurde aus NATO-Gründen seine Freigabe verweigert) oder aber weil es sich beim Flughafenbau um eine Ablenkung handelt; eigentlich baut man nämlich vor Ort insgeheim an einer riesigen Bunkeranlage, deren Existenz man vor der Bevölkerung natürlich geheim halten will.

Doch zurück zum Amsterdamer Beispiel: Die Studie bestand aus zwei Teilen: Bevor es an die Bearbeitung des Fragebogens ging, sollten die Probanden zunächst eine schriftliche Aufgabe erfüllen. Diese hatte inhaltlich gar nichts mit dem Bauvorhaben zu tun.

Das erste Drittel der Probanden wurde gebeten, sich an eine biografische Situation zu erinnern und eine solche schriftlich zu beschreiben, in der sie ein Geschehen gut kontrollieren konnten. Denken wir beispielsweise an einen Supermarktbesuch, bei dem ich frei und aktiv entscheide, was ich kaufe und was nicht. Das war die Hohe-Kontrolle-Gruppe.

Das zweite Drittel der Teilnehmer wurde gebeten, das Gegenteil zu beschreiben – also eine von ihnen real erlebte Situation, in der sie wenig bis gar keine Kontrolle ausüben konnten, wo sie hilflos waren. Dem Geschehen gewissermaßen passiv ausgeliefert. Denken wir als Beispiel an Turbulenzen im Flugzeug. Das war die Keine-Kontrolle-Gruppe.

Das letzte Drittel der Studienteilnehmer wurde gebeten, ein Geschehen ohne die Komponente sozialen Zwangs zu schildern: Man bat sie, ihr letztes Abendessen zu beschreiben. Das war die Neutrale Gruppe.

Anschließend wurde allen Teilnehmern ein Bogen mit Aussagen über das Großbauprojckt vorgelegt, mit der Bitte zur Bewertung (1 = stimme absolut nicht zu, 7 = stimme absolut zu). Die Aussagen waren z. B.

- »Der Stadtrat hat nicht im Sinne der Bürger gehandelt bezüglich der Entscheidungsfindung des Baus der Nord-Süd-U-Bahn-Strecke.«
- »Mitglieder des Stadtrats haben Geldbeträge von Baufirmen erhalten, um dieses Bauprojekt in Gang zu setzen.«

– »Mitglieder des Stadtrats haben Kritik am Projekt absichtlich ignoriert, um zuvor geschlossene Abmachungen nicht zu gefährden.«

Das Resultat der Studie: Probanden, die zuvor gebeten worden waren, ein Szenario zu beschreiben, in dem sie als Individuen keine oder wenig Kontrolle über ihr Leben hatten (also die Keine-Kontrolle-Gruppe), tendierten eher dazu, Aussagen mit einem verschwörerischen Unterton zuzustimmen. Bei denjenigen hingegen, die vorher per Textaufgabe gebeten worden waren, ein Bild von sich als Person, die etwas kontrollieren konnte, selbst zu zeichnen (die Hohe-Kontrolle-Gruppe), war dies seltener der Fall.

Ein Gefühl individueller Machtlosigkeit kann also Verschwörungsdenken befeuern. Zu diesem Schluss kommt auch der Psychologe Roland Imhoff. Langzeitarbeitslose und Menschen in eher machtarmen Positionen glauben eher an Verschwörungstheorien.[19] Vom Gefühl, selbst keine Kontrolle zu haben, ist es kein weiter Weg bis zum Gedanken: Jemand anders hat die Kontrolle aber. Und zum dritten Schritt: Die haben Kontrolle über uns. Wer? Die im Hintergrund. Ohnmacht heißt nämlich nicht, dass niemand Macht hat. Ohnmacht heißt, dass nicht ich die Macht habe, sondern jemand anderes. Es ist die *subjektive* Ohnmacht, die zählt.

Besondere Gedanken für besondere Menschen.
Der Wunsch nach Einzigartigkeit

Neben Faktoren wie Kontrolle und Ohnmacht lassen sich weitere Umstände und Charaktereigenschaften herausarbeiten, die den menschlichen Hang zum Verschwörungsglauben fördern. Es gilt als empirisch belegt, dass ein weiterer motivierender Faktor für den Glauben an Verschwörungstheorien das Bedürfnis nach Einzigartigkeit sein kann. Die Verbindung von Einzigartigkeitsbedürfnis und konspirativen Denkweisen wurde von zwei Forscherteams unabhängig voneinander nachgewiesen.[20] Die Hypothese eines der Teams bzw. von den Psychologen Roland Imhoff und Pia Karoline Lamberty lautet: Menschen, die sich selbst als besonders bzw. einzigartig begreifen (und sich als solche stark von anderen unterscheiden möchten), tun dies auch bezüglich ihrer Überzeugungen. Ungewöhnliche und seltene Vorstellungen könnten auf diese Menschen attraktiv wirken, *gerade weil* sich diese Vorstellungen von Mainstream-Vorstellungen unterscheiden. Kurz gesagt: Jene Menschen, die sich für außergewöhnlich halten, bevorzugen tendenziell die »inoffiziellen« Erklärungsmuster. Außergewöhnliche Gedanken für außergewöhnliche Denker.

Diese Hypothese galt es zu überprüfen.

Freiwillige wurden zunächst gebeten, einen Selbsttest bezüglich ihres Einzigartigkeitsbedürfnisses zu beantworten. Das individuelle Einzigartigkeitsbedürfnis wurde per Lückentext gemessen. Probanden machten Auskünfte wie:

»Ich tue _____ (nie / selten / manchmal / oft / immer) Dinge, die mich von anderen unterscheiden.«
»Ich mag es, _____ (nicht / etwas / ein bisschen / sehr / extrem) anders als andere Menschen zu sein.«

Dieser Selbsttest ermöglichte eine Einordnung auf der sogenannten SANU-Skala (SANU steht für *self-attributed need for uniquess*, d. h. selbstzugeschriebenes Einzigartigkeitsbedürfnis). Anschließend wurde ihre Zustimmung zu bestimmten Verschwörungstheorien befragt. Das Resultat war eindeutig: Diejenigen mit einem hohen Drang nach Einzigartigkeit stimmen allgemein eher Verschwörungstheorien zu als jene mit einem niedrigen. Besondere Menschen befürworten besondere Theorien.

In einer weiteren Studie konfrontierten Imhoff und Lamberty Freiwillige mit einem Zeitungsartikel, der von den Risiken und Nebenwirkungen von Rauchmeldern sprach. Wichtiges Detail: Rauchmelder sind in Deutschland Pflicht. Im Artikel kommt ein Ingenieur mit der Aussage zu Wort, dass Rauchmelder Hyperschall aussenden. Nicht nur das: Ebendieser Hyperschall habe schädliche Nebenwirkungen auf Menschen: Unruhe, Schlafstörungen und so weiter. Der Ingenieur im Text warnt gleichzeitig davor, die Gefahren herunterzuspielen. Als Gegenstimme tritt ein Sprecher der »VdS Schadenverhütung GmbH« auf, einer Lobbyorganisation für Rauchmelder-Regulierung und gleichzeitig Rauchmelderhersteller. Er meint, dass kein Grund zur Sorge bestehe. Rauchmelder seien sicher.

Der eine Sprecher warnt, der andere Sprecher gibt Entwarnung. Stellt sich die klassische Frage: Wem glauben?

Bevor es an die Beantwortung dieser Frage geht, weicht der Text je nach Gruppenzugehörigkeit ab:

Einem Teil der Probanden wurde ein Artikel präsentiert, in dem es heißt: Nur eine *Minderheit* der Deutschen glaube an die vom Ingenieur geschilderten Hyperschall-Nebenwirkungen und sehe die Gefahr, dass hier etwas verharmlost werde.

Die andere Hälfte der Probanden erhielt einen Text, in dem stand, dass die *Mehrheit* der Deutschen Bedenken hat, dieser Entwarnung Glauben zu schenken, und durchaus eine Gefahr der Trivialisierung bezüglich möglicher Rauchmelder-Hyperschall-Nebenwirkungen befürchtet.

Die Befragten wurden erst nach Lektüre der Einschätzung durch andere um ihre Einschätzung gebeten, wem sie mehr glaubten: dem Kritiker, der Nebenwirkungen samt Nebenwirkung-Unterdrückungskampagne (»Trivialisierung der Probleme«) nahelegt – oder dem Lobbyverband, der Rauchmeldernutzung als ungefährlich beschreibt.

Der Clou: Die Forscher hatten den Zeitungsartikel selbst entworfen. Weder Ingenieur noch Lobbyverband gab es wirklich. Auch die geschilderte Rauchmelderproblematik war frei erfunden. Den Studienteilnehmern wurde ohne ihr Wissen eine von den Forschern ausgedachte, d. h. fiktionale Verschwörungstheorie untergejubelt.

Nach der Befragung kam es zu einem *Debriefing*, d. h. einer Nachbesprechung. Alle Teilnehmer wurden unterrichtet, dass Rauchmelder *gar keinen Hyperschall* produzieren. Insofern bestehe auch kein Grund zur Sorge, dass es Hyperschall-Nebenwirkungen oder gar eine Trivialisierungsverschwörung bezüglich dieser Nebenwirkungen gebe. Oder kürzer: »Entwarnung, alles Quatsch!«

Das Resultat der Rauchmelderverschwörungsstudie: Erstens glaubten Menschen mit einem hohen Einzigartigkeitsbedürfnis eher an die Verschwörungstheorie als jene mit einem niedrigen. Interessanterweise war diese Tendenz dann stärker ausgeprägt, wenn man die Rauchmelderverschwörungstheorie als eine Minderheitsmeinung präsentierte. Als Minderheitsmeinung präsentiert, schien diese Art des Verschwörungsdenkens noch attraktiver für jene Menschen, die besonders individuell erscheinen wollen. Verschwörungstheorien, die von wenigen geglaubt werden oder so präsentiert werden als ob, können *gerade deswegen* anziehend wirken auf jene, die sich von der grauen Masse abgrenzen wollen. Das Motto lautet offenbar: Hauptsache kein Mitläufer sein. Bloß nicht dem Mainstream glauben.

Ein weiteres Resultat dieser fiktiven Rauchmelderverschwörung war aber ebenso unerwartet wie besonders verstörend. Nach dem *Debriefing* – also dem Eingeständnis, dass der Zusammenhang zwischen Rauchmeldern und Hyperschall frei erfunden war – weigerten sich manche Teilnehmer, die Hyperschall-Verschwörungstheorie aufzugeben. Ein solides Viertel glaubte nach der faktenbasierten Entwarnung weiterhin an die Verschwörungstheorie, man wolle diverse Hyperschall-Nebenwirkungen obligatorischer Rauchmelder systematisch vertuschen. Das heißt: Man kann sich eine Verschwörungstheorie ausdenken, Leute an sie glauben lassen, ihnen dann sagen, dass alles ausgedacht sei: Aber ein Teil der Leute bleibt bei der falschen Theorie! Die beiden Autoren der Studie schreiben:

»Wird eine Verschwörungstheorie erst einmal geglaubt, kann jedes dagegen vorgebrachte Argument als Teil eines großen Plans (um-)gedeutet werden, diese Aktivitäten zu verheimlichen – selbst die (entwarnende) Nachbesprechung.«[21]

Teil der Lüge

Es ist aus gutem Grund nicht einfach, Anhänger von Verschwörungstheorien von ihren Überzeugungen abzubringen. Das liegt an der in sich geschlossenen (Un-)Logik des konspirativen Denkens. Trete ich einem Verschwörungstheoretiker gegenüber und sage:

»Was du glaubst, ist die Unwahrheit. Es gibt weder Drahtzieher noch eine Verschwörung. Was du denkst, ist ein Irrtum!«,

antwortet er:

»Das ist genau das, was die Verschwörer wollen. Dass man nicht an ihre Existenz glaubt, die Verschwörung kleinredet! Aber weißt du was? Ich glaube nicht nur daran. Langsam glaube ich, dass auch *du Teil davon bist*!«

Für den Verschwörungstheoretiker sind Gegenargumente keine Argumente, sondern nur neuerliche Versuche, die Wahrheit zu vertuschen. Sie können gar keine Geltung haben, und Sprecher, die widersprechen, können niemals die Wahrheit sagen – aus dem simplen Grund, weil diese womöglich Teil der Täuschung sind. Nicht glaubwürdig. Sobald man widerspricht, wird einem unterstellt, selber Verschwörer zu sein. So funktioniert die selbstbestätigende und insofern wahrheitsfeindliche Kreis-Logik einer waschechten Verschwörungstheorie.

Dieses Motiv nenne ich »(Du bist) Teil der Lüge«.

Und sonst so: Weitere Ursachen des konspirativen Denkens

Das Spannungsverhältnis zwischen Selbstbestimmung und Fremdbestimmung (siehe Kontrolle) sowie die Rolle von als besonders empfundenem Wissen, das der individuellen Profilierung dient (siehe Einzigartigkeitsbedürfnis), sind zwei Gründe, die den Reiz von Verschwörungstheorien ausmachen – zwei Gründe unter mehreren.

Ein weiteres Anzeichen für Verschwörungsglauben ist: politischer Extremismus. Je radikaler und extremer die eigenen politischen Ansichten sind, desto eher glaubt man an eine böswillige Fremdsteuerung der Geschehnisse durch verschwörerische Mächte.[22] Das Unterteilen der Umwelt in Gut und Böse, die Suche nach Sinn in bedrohlichen gesellschaftlichen Ereignissen – beides sind wesentliche Bestandteile sowohl von politischem Extremismus als auch von Verschwörungsdenken. Und zwar gleichermaßen auf der äußeren linken und auf der äußeren rechten Seite des politischen Spektrums. Während Linksextreme z. B. Verschwörungstheorien über finstere Kapitalismuspläne bzw. internationale Konzerne bevorzugen, tendieren Rechtsextreme beispielsweise zu Spekulationen über dunkle Machenschaften hinter Migrationsbewegungen. Der Denkstil ist in beiden Lagern unerfreulich ähnlich.

Aus der Qualität und Spannweite der Bildung einer Person lässt sich ebenfalls ableiten, mit welcher Wahrscheinlichkeit sie an Verschwörungstheorien glaubt (oder eben nicht). Bei eher breiter gebildeten Menschen ist die Wahrscheinlichkeit grundsätzlich geringer, dass sie konspirativ denken. Der niederländische Psychologe Jan-Willem van Prooijen führt dies auf ein Zusammenspiel verschiedener mit Bildung zusammenhängender psychischer Faktoren zurück, die gemeinsam die Bereitschaft zum Verschwörungsglauben vermindern. Er nennt vor allem zwei Faktoren: komplexes Denken und Kontroll-Erleben.[23] Bildung fördert komplexes Denken, was einfache Antworten bzw. einfache Lösungsvorschläge zu komplexen Problemen als unattraktiv erscheinen lässt. Gebildete Menschen haben zudem eher den Eindruck, Herr über ihr Leben und ihr soziales Umfeld zu sein, und dies steht im Widerspruch zum Eindruck einer verschwörerischen Fremdbestimmtheit.

Das bedeutet jedoch keineswegs, dass es nicht viele Verschwörungstheoretiker, Reichsbürger, Antisemiten oder Umvolkungs-Propagandisten mit Uni-Abschluss gibt. Hier sollen ruhig einige beim Namen genannt werden, etwa der US-Amerikaner James Tracy, ehemaliger Professor der Kommunikationswissenschaften, welcher Sandy-Hook-Angehörige, u. a. besagten Lenny Pozner, angriff – und dafür von seiner Universität entlassen wurde; oder der Schweizer Politikwissenschaftler Daniele Ganser, der seit Jahren mit antiamerikanischen Verschwörungstheorien zu 9/11 Furore macht und Hörsäle füllt; oder Peter Boehringer, der für die AfD im Bundestag sitzt, 2018 den Haushaltsauschuss leitete und die elitenfeindliche Verschwörungstheorie der »Neuen Weltordnung« offen vertritt und verteidigt.

Eine solche Aussage ist eine allgemeine, eine statistische: Wer eine hohe Bildung genossen hat, läuft weniger Gefahr, einer konspirativen Denkweise auf den Leim zu gehen. Ganz verhindern kann Bildung ein verschwörungstheoretisches Wirklichkeitsverständnis allerdings auch nicht.

Die Gedanken sind frei, die Handlungen nicht

Auf den letzten Seiten haben wir uns mit den Gründen beschäftigt, die Menschen zum Verschwörungsdenken motivieren. Also einer Denkweise, die im Widerspruch zur Wahrheit steht. Wir haben gesehen, dass es vielfältige Möglichkeiten gibt, die Welt als einen Ort geheimer, böser Machenschaften zu verstehen – und warum manche Menschen eher diesen Beschreibungen trauen als andere.

Es ist deshalb Zeit für drei alles entscheidende Fragen:

Na, und? Was ist überhaupt das Problem? Kann nicht jeder glauben, was er will?

Die Antwort auf die letzte Frage lautet: Nein. Besser nicht. Wenn jeder glaubt, was er will, entstehen jede Menge Probleme.

Ich meine: Natürlich kann jeder glauben, was er will. Die Gedanken sind frei, wie nicht nur der Volksmund weiß. Weil wir uns in diesem Buch mit der Frage nach der Wahrheit beschäftigen, sei ganz explizit gesagt: Ja, man kann und darf Überzeugungen haben, die dem Mainstream zuwiderlaufen. Meinungen, die die meisten von uns als unwahr erachten. Meinungen, für die man keine empirische Basis hat.

Impfungen sind Gift.

Babys bringt der Storch.

Böse Eliten wollen uns islamisieren.

Das darf man alles ungestraft denken. Warum auch nicht? Das Problem ist nämlich nicht die gedankliche Ebene der Überzeugung als solche. Problematisch ist die Verbindung zwischen Überzeugung und *Handlung*.

Das gilt auch und vor allem für Verschwörungsüberzeugungen.

Konspirative Gedanken – der Anschlag auf den Breitscheidplatz ist nur ausgedacht, die deutsche Bevölkerung wird ausgetauscht, Journalisten belügen uns gezielt im Sinne der Regierung – werden dann zum Problem, wenn sie *handlungsleitend* werden. Handlungsleitend ist ein Gedanke dann, wenn er eine bestimmte Handlung motiviert. So kann man sagen, dass mein Wunsch »Ich möchte etwas trinken«, gepaart mit der Überzeugung »Wasser zu trinken ist angenehm«, genau dann handlungsleitend wird, wenn ich *genau aus diesem Grund* aufstehe, mir ein Glas Wasser einschenke und es trinke. Der Gedanke leitet die Handlung. Es besteht eine »Ich *denke* X, also *tue* ich Y«-Beziehung zwischen psychischer und körperlicher Ebene.

Die Handlungstheorie, die aus dem Verschwörungsdenken folgt, funktioniert ähnlich.

Nur sind es ganz andere Handlungen.

Oft gefährliche.

Warum entsteht aus Verschwörungsdenken Handlungsbedarf? Weil es *keine guten Verschwörungen* gibt. Terroranschläge, Giftattacken, Identitätsverlust – immer geht es um eine Bedrohung. Eine? Von wegen! Es geht um jede Menge Bedrohungen. Bedrohungen, die Sie vielleicht noch irgendwie in letzter Sekunde abwenden können. Sofern Sie etwas tun. Schnelles Handeln ist gefragt!

Verschwörungstheorien haben eine *doppelte Orientierungsfunktion*. Einerseits eine *theoretische* Orientierungsfunktion, indem sie dir zeigen, wie die Welt beschaffen ist, und dir so die Augen öffnen; dir sagen, »was in Wahrheit abgeht«. Indem sie Gut und Böse voneinander unterscheiden. Andererseits haben sie eine *praktische* Orientierungsfunktion. Erst dann, wenn Sie wissen, wie die Welt in Wirklichkeit beschaffen ist, Ihnen die Augen geöffnet wurden, Sie verstanden haben, »was in Wahrheit abgeht«, dann können Sie handeln. An der Seite der Guten die Bösen bekämpfen.

Haben Sie verstanden, dass Impfungen Teil eines gefährlichen Komplotts sind – dann lassen Sie Ihre Kinder verdammt nochmal nicht impfen! Haben Sie verstanden, dass es eine »Umvolkung« von oben gibt – wehren Sie sich mit allen Mitteln! Haben Sie verstanden, dass die traditionellen Medien lügen – dann protestieren Sie, stellen Sie die Lügner zur Rede, hindern Sie sie daran, weiter zu lügen!

So oder so ähnlich können praktische Schlüsse aussehen, die Menschen aus Verschwörungstheorien ziehen. Konspirative Ideen werden schnell zur Handlungsgrundlage. Die Kanzlerin, die Eliten, quasi alle Journalisten – sie sind die allein Verantwortlichen. Verantwortlich für die Missstände. Verantwortlich für die Probleme. Und Verantwortliche muss man zur Verantwortung ziehen. Zur Rechenschaft. Also los.

Im Oktober 2018 erreichte das Anwesen des US-Milliardärs George Soros ein verdächtiges Paket. Es war eine Briefbombe. Ein aufmerksamer Angestellter hatte die verdächtige Sendung in ein Waldstück gebracht, wo sie von Experten gesprengt wurde. George Soros ist seit vielen Jahren Opfer von Verschwörungstheoretikern – der Investor und Philanthrop ungarisch-jüdischer Herkunft gilt in rechtsnationalen Kreisen als Scharlatan, Hintermann und Strippenzieher. Ihm wird alles Mögliche angedichtet, selbstverständlich auch ein Mitwirken an einer gezielten »Umvolkung« Europas (»Soros-Plan«). Der rechtsautoritäre Präsident Ungarns, Viktor Orbán, früher selbst einmal ein Stipendiat der Soros-Stiftung, die ihm mit ihrem Geld ein Studium in Oxford ermöglichte, verbreitete solche Verschwörungstheorien während seines Wahlkampfes höchstpersönlich. Orbán ließ das Gesicht von Soros auf den Boden der Budapester Tram drucken, so dass sein Volk ihn symbolisch mit Füßen treten konnte.[24]

In derselben Woche wurden u. a. die Clintons, die Obamas, Robert De Niro und weitere Demokraten Ziele zum Glück vereitelter Briefbombenanschläge. Fast in Echtzeit wurden im Internet Stimmen laut, man habe die »verdächtigen Sendungen«

unter falscher Flagge selbst inszeniert, um Republikaner und
Nationalisten in schlechtem Licht erscheinen zu lassen und
so die zwei Wochen später anstehenden Kongresswahlen zu
beeinflussen. Diese Verschwörungstheorie verbreiteten auch
einflussreiche Republikaner und Trump-Unterstützer.[25] Der
Präsident persönlich schlug per Twitter[26] in die gleiche Kerbe,
indem er eine Verbindung unterschwellig nahelegte, und
sprach verächtlich von »Bombenzeug« (»bomb‹ stuff«), wobei
er das Wort in Anführungszeichen schrieb.
Hausherr Soros war zum Zeitpunkt des fehlgeschlagenen
Bombenattentats nicht daheim. Die übrigen Bomben wurden
ebenfalls abgefangen. Absender war Cesar Sayoc, ein 56-jäh-
riger Mann, der zum Zeitpunkt der Anschläge in einem mit
Trump-Stickern zugeklebten Kleinbus lebte.

Verschwörungstheorien erklären die Welt nicht nur. Meistens
bieten sie *Sündenböcke*. Sagen Ihnen, wer die Steinewerfer sind.
Die Hintermänner. Die Volksverräter. Und dann können Sie
handeln. In diesem Sinne sind Verschwörungstheorien handlungsleitend. Leider.

Wir haben gesehen, dass Verschwörungstheorien attraktive
Erklärungsmodelle für eine komplizierte Wirklichkeit bieten.
Doch sind sie hilfreich?

Das erste Problem: Sie sind nicht wahr. Sie bieten in der Regel
schlechte Beschreibungen unserer Wirklichkeit. Verschwörungstheorien vermischen Fakt und Fiktion, Plausibles und Unplausi-
bles. Sinn und Unsinn.

Das zweite Problem ist noch schwerwiegender: Verschwörungstheorien sind nicht nur nicht wahr – sondern sie haben
auch Konsequenzen. Sie erzeugen irreale Gedanken mit realen
Folgen. Anhänger von Verschwörungstheorien zeigen mit dem
Finger auf eine Gruppe von vermeintlichen Verschwörern und

sagen: »Die da sind schuld!« Menschen sehen sich dadurch zu Taten berufen. Ihr Motiv ist nachvollziehbar: Es geht darum, jene Kontrolle zurückzuerlangen, von der man glaubt, dass man sie längst verloren hat. Es ist also nicht egal, was man denkt. Die Gedanken sind frei. Die Freiheit der Gedanken ist aber nicht folgenlos. Wirklichkeit wirkt.

Aussage gegen Aussage. Über Fakten, Wissen, Psyche

Kermit der Frosch geht zum Arzt. Der Arzt macht ein Röntgenbild. Später sitzen beide im Besprechungszimmer. Der Arzt betrachtet das Röntgenbild mit besorgtem Blick. Auf der Folie ist Kermit zu sehen – außen schwach seine Umrisse. Innen erkennt man etwas Seltsames: einen Unterarm und seine Teile, also Elle, Speiche, sowie das Skelett einer Hand. Der Arzt sagt: »Was ich Ihnen jetzt sagen werde, wird Ihr Leben für immer verändern. Sind Sie wirklich sicher, dass Sie es erfahren wollen?«

Dieser Witz enthält eine zentrale Wahrheit. Sie lautet: Wissen ist ein Schlüssel zum Verständnis der Welt. Wenn man Pech hat, öffnet es Türen, die man lieber verschlossen gehalten hätte.

Keine Frage: Kermit wäre schockiert.

Denn längst nicht alle Fakten sind angenehm. Manches Wissen tut weh. Richtig weh. Die negativen Folgen, die aus solchem

Wissen entstehen können, sind zudem selten absehbar. Nicht jede geöffnete Tür kann man einfach so wieder schließen.

Ist es manchmal besser, eine Wahrheit nicht zu wissen? Würde Kermit der Frosch wirklich wissen wollen, dass in ihm ein eigentlich fremder Arm steckt, dass er eine Handpuppe ist? Und falls ja: Könnte man es ihm möglichst wahrheitsgetreu und zugleich vorsichtig *beschreiben*? Und viel schlimmer: Warum hat er es bis jetzt ganz offenbar nicht bemerkt?

Bei allen Unsicherheiten und Ambivalenzen müssen wir eines mit Gewissheit festhalten: Was wir Menschen wissen und was nicht, hängt mit Sprache zusammen. Mit Beschreibungen. Eine unumstößliche Wahrheit ist: Wir Menschen *wollen* die Welt beschreiben. Und nicht nur irgendwie, sondern: zutreffend. Das wollen Sie, und das will ich persönlich. Und wir alle als Gemeinschaft. Vom Kleinkind bis zum Greis. Alle wollen Aussagen treffen, die stimmen, wollen Sätze sagen, die wahr sind. Sachverhalte nachvollziehbar erklären. Wollen Zustimmung von anderen, wollen die anderen überzeugen. Ob es sich um politische Zusammenhänge oder um Kleinigkeiten im Alltag handelt. Immer geht es um Sinn. Beschreiben heißt verstehen und verstanden werden.

In diesem Kapitel geht es um Fakten, Wissen, Psyche. Darum, was eine Aussage wahr macht. Um Wissen und Glauben und das, was wir zu wissen glauben.

Und genau das ist der Streitpunkt: Wir streiten uns wegen einander oft sogar widersprechender, in diesem Sinne konkurrierender *Beschreibungen der Wirklichkeit*. Was der eine nachvollziehbar und einleuchtend findet, findet der andere zweifelhaft. Dein Aha-Erlebnis ist für mich womöglich nur Anzeichen für eine weitere Verschwörungstheorie.

Was Aussagen aussagen

Wir müssen uns mit der Frage nach der Beschreibung der Wirklichkeit deshalb näher beschäftigen, weil Wahrheit und Unwahrheit sich nicht auf die Wirklichkeit selbst, sondern auf unsere Beschreibungen der Wirklichkeit beziehen. Nicht die Welt selbst ist »wahr« oder »falsch«, sondern das, was ich über sie sage. Es geht, so würden Philosophen sagen, um den Inhalt von Aussagen, um propositionale Gehalte. Wenn ich sage »Die Kriminalitätsrate ist um 10 % gestiegen«, ist der Satz dann wahr, wenn 10 % mehr Verbrechen als zuvor registriert wurden.

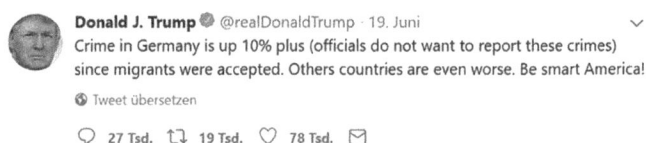

Donald J. Trump ✔ @realDonaldTrump · 19. Juni

Crime in Germany is up 10% plus (officials do not want to report these crimes) since migrants were accepted. Others countries are even worse. Be smart America!

⊕ Tweet übersetzen

◯ 27 Tsd.   ⟲ 19 Tsd.   ♡ 78 Tsd.   ✉

Was ist mit dieser Aussage los? Sie ist einfach falsch. Komplett aus der Luft gegriffen. Die deutsche Regierung hat ihr explizit widersprochen.

Woraus bestehen unsere Beschreibungen der Wirklichkeit? Kann man Wirklichkeitsbeschreibungen in ihre Kleinteile zerlegen?

Die Antwort lautet: Ja.

Die kleinsten Teile von Weltbeschreibungen heißen *Aussagen*.

»ARD und ZDF lügen.«
»Früher war alles besser.«
»Politikern traut man besser nicht.«
»Es gibt eine Islamisierung, und sie gefährdet Europa.«

Das sind Aussagen. Anlass genug, dass wir uns fragen: Was ist das überhaupt, eine »Aussage«?

Aussagen sind Sätze mit Inhalt, die sich auf die Welt beziehen. Da Sätze nicht einfach so in der Welt sind, steht hinter ihnen ein Sprecher, der sie aussagt. Aussagen haben also immer einen Urheber, der mit seiner Aussage etwas Bestimmtes bezweckt. Wir Menschen beschreiben die Welt nicht grundlos, sondern weil wir das, was wir sagen, in der Regel auch tatsächlich *meinen*. Weil wir von dem Inhalt unserer Sätze *überzeugt sind*. Weil es sich um unsere jeweilige Beschreibung der Realität handelt.

Wir glauben fest an den *Wahrheitsgehalt* unserer Worte.

Blöd nur, dass unsere Worte oft totaler Quatsch sind.

Aber Moment.

Wer entscheidet bitte schön, was Quatsch ist und was nicht? Was unterscheidet Fakt von Fiktion? Oder anders gefasst: Was unterscheidet einen wahren Satz von einem unwahren?

Schauen wir uns die Bausteine unserer Weltbeschreibungen, die Aussagen, genauer an. Ein Minimalkonsens lautet: Aussagesätze können entweder wahr oder falsch sein.

Was meinen wir mit »wahr« oder »falsch«?

Die Ausdrücke »wahr« oder »falsch« beschreiben ganz offenbar die Beziehung eines Satzes zur Wirklichkeit. So sieht es zumindest die sogenannte Korrespondenztheorie der Wahrheit. Dass wahre Aussagen mit entsprechenden Tatsachen in der Welt korrespondieren.

»Deutschland liegt in Europa.«	✓
»Mäuse sind Nagetiere.«	✓
»Ronald McDonald war der erste Präsident der USA.«	✗

Was haben diese Sätze gemeinsam?

Diese Sätze beschreiben alle eine *außersprachliche Wirklichkeit*. Sie weisen über sich selbst hinaus und in die Welt hinein, nehmen Bezug auf die Welt, stellen eine Verbindung zwischen Satz und Welt her: Der erste bezieht sich auf Europa und dort, wo es geografisch liegt, der zweite beschreibt, welcher Tierordnung Mäuse zugehören, der dritte sagt etwas aus über die Geschichte der USA. Das sind alles Aspekte der Wirklichkeit. *Faktische Aspekte.*

Mit »wahr« oder »falsch« meinen wir also, dass die jeweiligen Sätze die von ihnen beschriebene Wirklichkeit passend oder unpassend wiedergeben. Sie korrespondieren – oder nicht. Wahrheit und Falschheit sind also in diesem Sinne Konzepte, mit denen wir Inhalte von Sätzen als Übereinstimmung zwischen Inhalt und Welt bewerten. Gedanklich haken wir sie ab: richtig oder falsch.

Wir bewerten also nicht die Wirklichkeit selber. Die aber auch. Oder anders: Wir tun beides: Wir nehmen einen Satz und schauen, wie gut er in seiner Beschreibung auf die Wirklichkeit passt. Man könnte auch sagen: Mit der Rede von »wahr« und »falsch« bewerten wir entsprechend diesem Wahrheitsverständnis unsere Bewertungen der Wirklichkeit. Passt die Bewertung gut bzw. ist diese korrekt, ist der Satz »wahr«. Passt sie nicht, ist er »falsch«. Der Satz »Ich habe zehn Finger.« ist genau dann wahr, wenn wir meine Finger zählen und genau auf zehn kommen.

Hier kommen natürlich noch andere Schwierigkeiten ins Spiel: Der Satz »Ich habe zehn Finger.« ist nämlich nur genau dann wahr, wenn *wir* meine Finger zählen – und genau auf zehn kommen. Es reicht nicht aus, wenn ich allein meine Finger zähle und auf zehn komme. Vielleicht leide ich an einer Rechenschwäche oder kenne die Bedeutung des Wortes »zehn« nicht richtig (womöglich lerne ich gerade erst Deutsch).

Wahrheit ist, so besagt etwa die pragmatische Theorie der Wahrheit, auch ein Akt der sozialen Übereinkunft, nicht nur der Korrespondenz zwischen Aussagen und Welt. Fakten sind auf bestimmte Art Ansichtssache. Aber nicht Ansichtssache des Einzelnen, sondern Ansichtssache der Gemeinschaft. Wie viele Finger ich habe, entscheide nicht ich, sondern die von uns angenommenen tiefergreifenden Vereinbarungen. Was ist eine Zahl? Was sind »zehn«? Wie zähle ich korrekt? Und sind Finger überhaupt etwas, was ich zählen kann? Denn sie hängen ja mit der Hand zusammen, sind nicht isoliert usw. (wo fängt der Finger an und hört der Handrücken auf?). Oder anders ausgedrückt: Ich kann genauso wenig entscheiden, ob ich zehn Finger habe, wie ich mutterseelenallein entscheiden kann, was »zehn« bedeutet.

Doch dies einmal beiseite: Wenn ich neun oder elf Finger habe, dann ist der Satz unwahr. Wahrheit oder Falschheit liegt in diesem weitergefassten Sinne irgendwie auch in der *Beziehung zwischen Satz und Wirklichkeit.*

Die Wahrheit über die Lüge

Die Logik der Lüge

Oben schrieb ich: »Wir Menschen *wollen* die Welt beschreiben. Und zwar nicht nur irgendwie, sondern: zutreffend.«

Das stimmt – aber es stimmt nicht *immer.* Es gibt sogar Fälle, da wollen wir die Welt genau so beschreiben, wie wir sie *nicht* sehen. Nämlich anders. Alternativ. Wahrheitswidrig.

Wovon ich rede? Von der Lüge. Auf der Suche nach Wahrheit müssen wir uns wohl oder übel mit ihr beschäftigen.

Fangen wir grundsätzlich an. Was sind Lügen? Wir alle kennen sie von klein auf. »Nein, das war ich nicht«, ist eine der ersten. Genauso drollig wie die ersten Gehversuche sind die ersten »Verdreh-Versuche« auf dem glatten Parkett der Wahrheit. Man kann mit Sicherheit sagen, dass kein Kind eingeschult wird, ohne dass es bis dahin im drei- oder vierstelligen Bereich Lügen ausprobiert hat. Lügen liegt sozusagen in unserer Natur.

Um die Natur der Lüge zu verstehen, müssen wir wie zuvor das Verhältnis von Sprache und Wirklichkeit noch genauer unter die Lupe nehmen. Die Art und Weise, wie Aussagen die Welt repräsentieren. Eine Aussage kann entweder wahr oder falsch (oder unklar) sein – das haben wir bereits gesehen.

Wir unterscheiden zweierlei:

1) Den Inhalt einer Aussage.
2) Die Einstellung des Sprechers zum Inhalt seiner Aussage.

Der *Inhalt* einer Aussage ist das, was der Satz besagt – sein Bezug auf die außersprachliche Wirklichkeit. Der inhaltliche Teil ist der Teil, der entweder wahr oder falsch ist und das Wahrheitsverhältnis zur Wirklichkeit bedingt. »Ich habe keinen Alkohol getrunken« ist ein Satz, dessen Inhalt meinen (kürzlichen) Verzicht auf alkoholische Getränke beschreibt. Die Wahrheit dieses Satzes schließt die Wahrheit ihm widersprechender Sätze aus. Ich kann zum Beispiel nicht gleichzeitig vier Gläser Wein *und* keinen Alkohol getrunken haben.

Denken wir etwa an eine Verkehrskontrolle: Wenn ich gegenüber dem Polizisten zuerst behaupte, dass ich nichts getrunken habe, und mache dann einen Atemalkoholtest, der das Gegenteil beweist, dann habe ich ein Problem. Präziser: Dann haben wir beide ein Problem. Ich und der Polizist. Weil beide Tatsachen (der Inhalt der Behauptung und das Ergebnis der Probe) nicht gleichzeitig wahr sein können. Entweder ich bin alkoholisiert oder ich bin nicht alkoholisiert. Punkt. Das Problem besteht also darin, dass ein Spannungsverhältnis zwischen mir und meiner Aussage und dem Polizisten bzw. dem Resultat seiner Atemalkoholkontrolle entstanden ist.

Wir sehen: Die Inhaltsebene eines Satzes bestimmt so gesehen seine Beziehung zur Wirklichkeit. Doch zur Kommunikation gehört mehr als nur die inhaltliche Ebene. Ein Sprecher hat auch eine *Einstellung zu seiner Aussage* – zu dem, was er sagt. Metakommunikation, quasi.

Glaubt der Sprecher das, was er sagt, selber? Was ich sage, sage ich nämlich im Wissen, dass es wahr – oder eben im Wissen, dass es falsch ist. In der Regel bin ich mir sehr im Klaren darüber, wie ich zu den Wörtern stehe, die meinen Mund verlassen. Wenn ich bei einer Verkehrskontrolle »Ich habe keinen Alkohol getrunken« sage *im Wissen, dass es falsch ist* – dann lüge ich. Wenn ich »Ich heiße Martin« sage, aber weiß, dass ich Jan heiße – dann lüge ich. Wenn ich »Du hast heute wieder lecker gekocht« sage, obwohl mir dein Essen auch heute nicht sonderlich schmeckt, dann lüge ich.

Ich weiß, dass das, was ich sage, nicht der Wahrheit entspricht. Das ist *Unwahrhaftigkeit.* Ich rede nicht nur unwahr, sondern unwahrhaftig. Unwahrhaftigkeit ist eine Einstellung des Sprechers zum Inhalt seiner Aussage. Dieser Punkt ist wichtig. Denn in der Unwahrhaftigkeit zeigt sich das eigentliche Bewusstsein der Lüge. Manchmal sagen wir nämlich Falsches oder Unwahres, ohne dass wir es wissen. Ohne dass wir es wollen. Wenn Sie mich nach der Uhrzeit fragen, und ich sage Ihnen »drei Uhr«, tatsächlich ist es aber vier Uhr – dann muss das nicht zwangsweise gelogen sein. Zum Beispiel dann nicht, wenn ich im Flugzeug nicht genau mitbekommen habe, in welcher neuen Zeitzone ich mich gerade befinde. Es ist auch keine Lüge, wenn ich sage »Mein Vater ist bei einem Flugzeugabsturz gestorben«, mein Vater aber den Flugzeugabsturz tatsächlich überlebt hat und seitdem glücklich auf einer einsamen Insel lebt, wovon ich blöderweise nichts weiß. Es ist auch keine Lüge, wenn jemand fragt, ob er mich per Telefon erreichen könne und ich ja sage, nicht wissend, dass mein Telefonanbieter für heute Netzstörungen angekündigt hat (und ich deswegen nicht oder nur schlecht erreichbar bin).

Die Lüge impliziert den Willen zur Falschaussage. Darin besteht die Unwahrhaftigkeit des Sprechers.

Die dahinterstehende Motivation kann jeweils verschieden sein: Die Philosophin Simone Dietz hat mehrere Varianten der

Lüge herausgearbeitet, etwa die erwünschte Lüge (Kermit würde vielleicht gar nicht wissen wollen, was wirklich mit ihm los ist), die höfliche Lüge (es wird von mir erwartet, höflich zu sein und nicht der Gastgeberin ins Gesicht zu sagen, wie schrecklich sie gekocht hat), die Notlüge (es geht um unser Leben) oder die versteinerte Lüge (eine Lüge hat sich so verselbständigt, dass wir sie gar nicht mehr zurücknehmen könnten).[1] Allen diesen Formen ist aber gemeinsam: Sie sind unwahrhaftig. Und der Sprecher weiß das.

Eine versteinerte Lüge stand im Zentrum des Lebens von *Jean-Claude Romand*. Der Franzose gab über fast 20 Jahre vor, Arzt zu sein. Gegenüber seinen Freunden, gegenüber seiner Familie. Seine angeblichen Arbeitstage verbrachte er in einer Bibliothek der Weltgesundheitsorganisation WHO. Die Zeit seiner »Geschäftsreisen« im Flughafenhotelzimmer, wo er sich Informationen anlas über die Länder und Kongresse, auf denen er sich gemäß Lügengeschichte gerade befand. Als schließlich alles aufzufliegen drohte, wurde aus dem Hochstapler ein Mörder. Anstatt ihnen die Wahrheit zu sagen, tötete Romand seine Ehefrau, seine Eltern und seine Kinder. Er sitzt seit 1993 im Gefängnis.

Die Handlungstheorie der Lüge

Wir unterscheiden folglich zwei Ebenen. Einen Satz, der sich inhaltlich per Ist-wahr-oder-ist-falsch-Beziehung auf die Welt richtet. Und einen Sprecher, der durch seine Einstellung zum Satz bewusst oder unbewusst die Welt so darstellt wie im Satz geschildert. Es geht also vereinfacht gesagt um Satz-Welt-Beziehung und Sprecher-Satz-Beziehung.

In der Regel lüge ich, wie gesagt, nicht grundlos. Normalerweise hat die Lüge einen Zweck. Hinter der Lüge steht ein Lügner – und der hat eine Absicht. Will etwas. Sonst würde er nicht lügen.

Wenn ich bei einer Verkehrskontrolle wider besseres Wissen sage, ich hätte keinen Alkohol getrunken, dann lüge ich aus gutem Grund, versuche eine Notlüge: Ich will nicht, dass der Polizist erfährt, dass ich angetrunken Auto fahre. Stattdessen soll er meine Lüge glauben. Die Lüge glauben bedeutet: die Lüge für die Wahrheit halten. Wenn ich zum Beispiel sage, ich sei ein Arzt, bin es aber in Wahrheit gar nicht, dann habe ich auch hierfür Gründe; vermutlich spielt das hohe Ansehen des Arztberufes eine Rolle.

Aus handlungstheoretischer Sicht ist die Lüge eine unwahrhaftige Behauptung, die mit einem bestimmten Ziel zusammenhängt. Noch einmal Simone Dietz: »Die Lüge ist eine verdeckte unwahrhaftige Behauptung, die bestimmten, weiter reichenden Absichten dient.«[2]

Wir haben das Ziel, die Welt anders zu beschreiben (d. h.: sie anders darzustellen), als sie in Wirklichkeit ist. Unser Gegenüber *soll die Lüge glauben*. Der beschwipste Autofahrer redet bezüglich seines Alkoholkonsums unwahrhaftig, um sich einer moralischen Bewertung seiner Handlung und einer juristischen Strafe zu entziehen (er will seinen Führerschein behalten und greift zu einer Notlüge). So lautet seine Absicht, wenn er den Verkehrspolizisten anlügt. Das Ziel seiner Lüge.

Wir unterscheiden bei einer Lüge dreierlei.

1) Den Inhalt einer Aussage (X).
   a. Verhältnis X zur Welt
2) Die Einstellung des Sprechers zu seiner Aussage.
   a. Verhältnis Sprecher zu X
3) Das Ziel der Lüge.

Drei Beispiele sollen das erläutern:

Aussage: *Ich habe keinen Alkohol getrunken.*
Inhalt: Dass ich keinen Alkohol getrunken habe.
Weltbeschreibung: Wir leben in einer Welt, in der ich keinen Alkohol getrunken habe.

Aussage: *Ich heiße Martin.*
Inhalt: Dass ich Martin heiße.
Weltbeschreibung: Wir leben in einer Welt, in der ich Martin heiße.

Aussage: *Du hast lecker gekocht.*
Inhalt: Dass du lecker gekocht hast.
Weltbeschreibung: Wir leben in einer Welt, in der du lecker gekocht hast.

Zum Inhalt dieser Aussagen kann man verschiedene Einstellungen haben (siehe 1). Ich kann der Meinung sein, dass ich nichts getrunken habe, Martin heiße, du lecker gekocht hast (siehe 2). Dann ist meine Beziehung zum Gesagten wahrhaftig. Oder ich kann wissen, dass ich *doch etwas* getrunken habe, dass ich *nicht* Martin heiße, dass du *nicht* lecker gekocht hast. Unter der Voraussetzung, dass ich weiß, dass ich die Unwahrheit sage, handelt es sich um eine falsche Aussage. Zur richtigen Lüge wird die falsche Aussage erst dann, wenn eine *Täuschungsabsicht* (3) hinzukommt. Wenn ich ein Ziel habe, das ich mit einer Lüge, mit einer Täuschung erreichen will.

Warum ist dieser Unterschied so wichtig? Warum muss jemand explizit jemanden täuschen wollen? Wie immer gibt es Sonderfälle. Schauspielerei ist so ein Fall, wo Unwahrhaftigkeit, aber keine Täuschungsabsicht im Sinne einer Lüge vorliegt. Wird Daniel Craig vor laufender Kamera nach seinem Namen gefragt und antwortet »Bond, James Bond«, ist uns Zuschauern klar, dass er niemanden *wirklich* täuschen wird, zu glauben, dass er tatsächlich James Bond heißt. Wir alle wissen, dass James Bond eine Filmrolle ist.

Wie wir sehen, kommt es auf dreierlei an: Erstens, wie wir die Welt beschreiben. Zweitens, was wir selbst von unserer eigenen Weltbeschreibung halten. Und drittens, was wir mit unserer Beschreibung erreichen möchten. Wahrheit, Wahrhaftigkeit und Täuschungsabsicht – das sind Arten und Weisen, mit denen ein Sprecher mit der Wirklichkeit in Verbindung stehen kann. Diese Verbindung von Aussage bzw. Beschreibung und Welt kann man überprüfen und sie als wahr behaupten bzw. verifizieren oder sie als falsch erklären bzw. falsifizieren. Genau das tut der Polizist, wenn er eine Alkoholkontrolle an mir als Autofahrer durchführt.

Woher wissen wir also, ob andere uns die Wahrheit sagen oder nicht? Die triviale Antwort lautet: Wir wissen es nicht. Jedenfalls nicht immer. Sonst würden wir diese Diskussion hier gar nicht führen. Oder weniger trivial: Wir wissen es schon manchmal. Wir können es *erfahren*. Wenn wir denn *wollten*. Kermit der Frosch könnte wissen wollen, was mit ihm los ist – vielleicht hat er auf der Puppenspielbühne schon einmal an sich heruntergeschaut und diesen komischen Typ mit Bart namens Jim Henson gesehen, der mit einem Arm – Igitt!? – in ihm steckt. Kermit könnte mit Hilfe seines Arztes in Erfahrung bringen, inwiefern das Röntgenbild sein Innenleben verständlicher macht (er hatte in letzter Zeit immer so ein Magengrummeln bei der Arbeit, als ob sich etwas in ihm bewege, so wie bei *Alien*). Vielleicht hält er aber seit Anfang an krampfhaft den Blick weg von dem Puppenspieler, will gar nicht wissen, dass er in Wirklichkeit nur ein Stück Stoff ist – wenn auch ein sehr ausdrucksvolles. Oder er nimmt die Realität des Puppenspielers langsam zur Kenntnis, befürchtet aber, dass wir letztlich alle wie Puppen von anderen gespielt werden; dass die Hintermänner hinter diesem

Ganzen allmächtig sein müssen, dass der Puppenspieler auf keinen Fall davon erfahren dürfte, um Kermit nicht mundtot zu machen, und dass es eine Verschwörung von Puppenspielern gibt, die ... und so weiter und so weiter. Armer Kermit.

Schrödingers Migrant. Es geht (ihnen) nicht um Fakten

Schrödingers Katze – wohl das bekannteste Gedankenexperiment aus der Quantenphysik:[3]

»Eine Katze wird in eine Stahlkammer gesperrt, zusammen mit folgender Höllenmaschine (die man gegen den direkten Zugriff der Katze sichern muß): in einem Geigerschen Zählrohr befindet sich eine winzige Menge radioaktiver Substanz, so wenig, daß im Laufe einer Stunde vielleicht eines von den Atomen zerfällt, ebenso wahrscheinlich aber auch keines; geschieht es, so spricht das Zählrohr an und betätigt über ein Relais ein Hämmerchen, das ein Kölbchen mit Blausäure zertrümmert. Hat man dieses ganze System eine Stunde lang sich selbst überlassen, so wird man sich sagen, daß die Katze noch lebt, wenn inzwischen kein Atom zerfallen ist. Der erste Atomzerfall würde sie vergiftet haben. Die Psi-Funktion des ganzen Systems [also die Wellenfunktion, die den quantenmechanischen Zustand eines Elementarteilchens oder eines Systems von Elementarteilchen im Ortsraum beschreibt] würde das so zum Ausdruck bringen, daß in ihr die lebende und die tote Katze (s. v. v. [»sit venia verbo«, lat. ›man vergebe das Wort‹]) zu gleichen Teilen gemischt oder verschmiert sind. Das Typische an solchen Fällen ist, daß eine ursprünglich auf den Atombereich beschränkte Unbestimmtheit [das Teilchen ist zerfallen oder nicht – man weiß es nicht] sich in grobsinnliche Unbestimmtheit umsetzt, die sich dann durch direkte Beobachtung entscheiden läßt. Das hindert uns, in so naiver Weise ein ›verwaschenes Modell‹ als Abbild der Wirklichkeit gelten zu lassen. An sich enthielte es nichts Unklares oder Widerspruchsvolles. Es ist ein Unterschied zwischen einer verwackelten oder unscharf eingestellten Photographie und einer Aufnahme von Wolken und Nebelschwaden.«

Simpler ausgedrückt: In der Quantenphysik kann nicht genau festgeschrieben werden, ob etwas ist oder nicht ist. Dies wird zum Problem in der Realität in Sachen Katze, denn da heißt es wie immer auf dieser unserer Welt: »Sein oder Nichtsein, das ist die Frage«.[4] Eine Katze lebt – oder lebt nicht.

Was soll hier aber »Schrödingers Migrant«? Bei diesem Ausdruck handelt es sich um ein Internet-Meme, also um einen wiederkehrenden Witz im Netz. In diesem speziellen Fall geht es um einen Gedanken, der rechtspopulistische Vorurteile gegenüber Migranten parodiert im Sinne von: »Der Migrant liegt gleichzeitig auf der faulen Haut UND nimmt dir den Job weg!« Moment – beides? Also was denn nun? Auch hier geht doch nur entweder – oder. »Schrödingers Meme« ist Sinnbild dafür, dass es Ideologen nicht um Fakten geht. Unabhängig davon, was Migranten wirklich machen (ob sie nun faul oder fleißig, mit oder ohne Job sind) – die Rechten hassen sie so oder so. Es geht ihnen nicht um Fakten. Fakten sind oft willkürliches Beiwerk einer politischen Haltung.

Doch noch schlimmer: Manche Aussagen werden bewusst so angelegt, dass man gar nicht sagen kann, ob sie wahr oder falsch sind. Anders ausgedrückt: Manche Aussagen *sollen sich gar nicht verifizieren oder falsifizieren lassen.* Sie sind *falsifikationsresistent.* Das gilt insbesondere für verschwörungstheoretische Aussagen. Jeder Versuch, etwas gegen eine Verschwörungstheorie zu sagen, wird zum Beweis für ihre Wahrheit umgedeutet. Gegenargumente? Vergebliche Angriffe. Wie sollten also solche Theorien durch Faktenwissen untermauert werden können? Wie könnten sie bei dieser ausweglosen Ausgangslage zu gesichertem Wissen werden? Unter dieser Voraussetzung ist die Antwort einfach: Gar nicht.

Nehmen wir eine verschwörungstheoretische Aussage, die wir bereits kennen:

»Die Mainstream-Medien lügen uns an.«

So lautet der klassische Lügenpresse-Vorwurf. Besser gesagt: Die klassische Lügenpresse-Verschwörungstheorie. Wir erinnern uns: Der Lügenpresse-Vorwurf erfüllt alle wichtigen Merkmale einer Verschwörungstheorie. Hintermänner, geheime Mächte, Täuschung, böse Absichten, Einflussnahme usw. Wie alle anderen waschechten Verschwörungstheorien ist auch diese *falsifikationsresistent*.

Was ich damit meine?

Gegenfrage: Was müsste man tun, um diesen obigen Satz zu verifizieren oder zu falsifizieren? Aussagesätze wie »Die Medien lügen uns an«, »Politiker machen, was sie wollen« oder »Die deutsche Bevölkerung soll durch Immigration ausgetauscht werden« sind zunächst einmal *vage*. Anders formuliert: Nicht alle Aussagesätze sind gleich konkret. Wenn ich Ihnen sage, dass ich keinen Alkohol getrunken habe oder um 22 Uhr zu Hause war, dann sind das sehr konkrete Aussagen. Aussagen, die eine sehr konkrete Entsprechung in der Realität haben. Bei »Du hast lecker gekocht« wird es schon vager. Ab wann hat jemand lecker gekocht? Muss nur die Hauptspeise lecker sein oder auch die Beilage? Kann man vage subjektive Eindrücke eindeutig bestätigen bzw. verifizieren? Und noch komplizierter wird es, wenn hier eine Lüge aus Höflichkeit oder aus Diplomatie vorliegt: Was ist denn nun bitte genau gemeint?

Angewendet auf unser Beispiel: Wann *wissen* wir, dass die Mainstream-Medien uns anlügen, Politiker machen, was sie wollen, oder die deutsche Bevölkerung planmäßig ausgetauscht werden soll? Mein Vorschlag: Wir könnten uns in der Welt umschauen und nach Beispielen suchen. Immerhin geht es um Weltbeschreibungen. Vielleicht finden wir ja ein Mainstream-Medium – und überführen es bestenfalls in flagranti der Lüge. Vielleicht beobachten wir einen Politiker, der mir nichts, dir nichts seinem Willen folgt (einen solchen Politiker finden wir sogar ganz bestimmt). Noch schwieriger wird es, wenn wir die Verlaufsgeschichte solcher Behauptungen miteinbeziehen: Falschaussagen sind nämlich nicht zwangsweise Lügen. Hinzukommen muss eine Täuschungsabsicht. Und: Wer einmal gelogen hat, ist noch lange kein (notorischer) Lügner. Ein Lügner ist jemand, der gewohnheitsmäßig lügt.

Das Problem ist (unabhängig davon, was wir in der Welt beobachten): Wir können vage, verschwörungstheoretische Aussagen schlecht mit unseren Maßstäben »richtig« oder »falsch« bzw. »Das stimmt!« oder »Das stimmt nicht!« bewerten. Verschwörungstheoretiker machen nämlich keine faktisch überprüfbaren Behauptungen. Wenn wir auf der Suche nach der Lügenpresse ARD, ZDF und Wen-weiß-ich-alles unter die Lupe nehmen und dabei keine Anzeichen für bewusste Lüge und systematisches Täuschen finden – was dann? Normalerweise würden wir sagen: »Die Aussage ›ARD und ZDF usw. lügen uns bewusst an‹ ist nicht belegbar.« Sie ist also vermutlich falsch. Der Verschwörungstheoretiker glaubt uns allerdings kein Wort. Der Möglichkeit einer Falsifizierung konspirativer Thesen steht er nicht offen gegenüber. Weil nicht sein kann, was nicht sein darf. Weil Verschwörungstheorien letztendlich Verschwörungs*glauben* sind. Verschwörerische Aussagen haben keinen faktischen Anspruch – sie sollen gar nicht verifiziert oder falsifiziert werden können. Jedenfalls nicht als Aussagesätze. Im Zentrum steht allein die *gefühlte Wahrheit*. Nicht die Frage: Korrespondiert das Gesagte überhaupt mit der Wirklichkeit? Oder sind andere mit mir einer Meinung, gibt es einen Konsens?

Die Sache ist: Wahrheiten erfährt man. Denkt man. Versteht

man. Man sollte daher z. B. Politiker nicht fragen, ob er oder sie an den Klimawandel glaubt wie an das Jenseits – wir sollten Politiker fragen, ob sie den Klimawandel *verstehen*. Klimawandel, Evolutionstheorie oder Digitalisierung – diese Sachverhalte mögen meinetwegen komplex sein. Das macht sie dennoch keineswegs zur Ansichtssache. Denn gefühlte Wahrheiten sind nichts anderes als eben dies: Ansichtssachen. Das Subjektivistische unterscheidet gefühlte Wahrheiten von echten Wahrheiten. Wir erinnern uns: Echte Wahrheiten sind etwas Überindividuelles, wie die Wahrheit, dass ich zehn Finger habe, auch erst dadurch zustande kommt, dass wir gemeinsam und unter Berücksichtigung der Sprache und der kulturellen Praxis des Zählens zum Ergebnis kommen, dass ich wirklich zehn Finger habe. Solche Wirklichkeitsbeschreibungen (»Es regnet«, »Ich habe zehn Finger«, »Mein Auto steht vorm Haus« usw.) lassen sich verifizieren oder falsifizieren. Gefühlte Wahrheiten sind nun ihrerseits falsifikationsresistent, weil sie gar keine Wahrheiten sind, sondern Pseudo-Wahrheiten.

Die *Falsifikationsresistenz* gefühlter Wahrheiten liegt in ihrer Natur. Es geht dem Verschwörungstheoretiker nicht um den Akt des *Wissens* (Wissen im Sinne von nachvollziehbarer Überprüfung von Hypothesen); der Verschwörungstheoretiker lebt im Akt des *vagen Behauptens*. Deswegen *kann es für ihn keine Gegenbeweise geben*, die seine Sichtweise als die falsche ausweisen und somit widerlegen. In diesem Sinne ist der Verschwörungsglaube wissens- *und* wahrheitsfeindlich.

Oder anders ausgedrückt: Verschwörungsdenken kann nur pseudo-investigativ sein, weil es lediglich so tut, als würde es nach der Wahrheit forschen, aber an solcher Aufklärung eigentlich kein Interesse, sondern nur Schein-Interesse hat. Wirkliches Interesse hat der Verschwörungstheoretiker nur an seiner eigenen Ideologie. Sei diese nun Impfgegnertum, Fremdenfeindlichkeit oder Medien-Bashing.

Genau das meinen auch die Kommunikationswissenschaft-
ler Tobias Füchslin und Marko Kovic:

> »Obwohl der Aussageninhalt von Verschwörungstheorien
> zufälligerweise wahr sein kann, ist die Rechtfertigung des
> Glaubens an die Verschwörungstheorie defizitär.«[5]

Man kann es noch schärfer ausdrücken: Selbst wenn das Ergebnis stimmen sollte – die Herleitung ist falsch. Erkenntnistheore-
tischer Quatsch.

Die Wahrheit und nichts als die gefühlte Wahrheit

Wahre Gefühle und gefühlte Wahrheiten

Das Spannungsverhältnis zwischen Wirklichkeit und Wahrnehmung spiegelt sich im Ausdruck »gefühlte Wahrheit«.
Ähnlich wie »alternative Fakten«, also Aussagen, die von ihren
Vertretern als alternativ beschönigt werden, obwohl sie in
Wahrheit nachweislich falsche Gegenerzählungen sind. Gefühlte Wahrheiten heißen so, wie sie heißen, weil ihnen weniger der analytische Verstand und mehr ein diffuses »Rich-
tigkeitsgefühl« zugrunde liegt. Der Grundgedanke: Egal, was
die anderen sagen: was ich denke, fühlt sich irgendwie richtig an.

Die Kriminalitätsrate? Gestiegen.

Terrorismus? Eine konstante Gefahr.

Die Lebensqualität? Früher eindeutig besser.

Blöd nur, wenn nichts davon der Wirklichkeit entspricht.

Wenn es Belege dafür gibt, dass diese Aussagen falsch sind.
Doch davon lassen sich wie gesagt Anhänger gefühlter Wahrheiten keineswegs beirren. Genauer gesagt: Sich von der Sach-
lage nicht beirren zu lassen, ist sogar ihr Prinzip. Ob Donald

Trump oder die Alternative für Deutschland (AfD) oder jeder dritte Hanswurst im Internet – es zählt nicht das, was Wissenschaft, Experten und Statistiker sagen, sondern nur das, *was man in Bezug auf die Welt fühlt*. Fakten und intersubjektiv überprüfbare Wahrheiten werden zur Ansichtssache, zur Meinung degradiert. Etwas, das man eben fühlt oder nicht.

Nehmen wir das Beispiel der Kriminalitätsstatistik.

»Wir haben noch nie so friedlich gelebt wie heute«, sagt Martin Rettenberger, Direktor der Kriminologischen Zentralstelle, mit Blick auf die gesamtgesellschaftliche Lage unter Berücksichtigung der Polizeilichen Kriminalstatistik (PKS) des Jahres 2017. Im Jahr 2017 wurden 5,6 Millionen Straftaten in Deutschland registriert. Der niedrigste Wert seit 1992 und etwa zehn Prozent weniger als im Jahr zuvor.[6] Schwere Straftaten gibt es noch immer, auch das ist die Wahrheit: Allerdings gab es die nicht nur schon immer, sondern sogar früher mehr davon. Aktuelle Themen wie Zuwanderung spielen höchstens insofern eine Rolle, als junge Männer überall die Bevölkerungsgruppe bilden, die am häufigsten straffällig wird. Mehr junge Männer bedeuten mehr Probleme, lautet die zeitlose überkulturelle Konstante.

Zahl der Terrorismustoten? Seit Jahren rückgängig.

Der Evolutionspsychologe Steven Pinker sagt in seinem Buch *Gewalt: Eine neue der Geschichte der Menschheit* nicht mit Blick auf die Polizeiliche Kriminalstatistik 2017, sondern auf die Gesamtgeschichte unserer Spezies: So friedvoll wie heute war es noch nie zuvor.[7] Auf ähnliche Weise beschreibt Hans Rosling in seinem Bestseller *Factfulness – wie wir lernen, die Welt so zu sehen, wie sie wirklich ist* vor allem mit Hilfe von Statistiken der Weltgesundheitsorganisation (WHO) eine Welt, die sich für uns paradoxerweise stets schlimmer anfühlt, obwohl sie sich nachweisbar konstant verbessert.[8] Klar, die Welt ist nicht perfekt. Im Vergleich mit vergangenen Jahren und Jahrzehnten sind jedoch quasi alle Länder im nationalen wie im internationalen Vergleich auf dem aufsteigenden Ast in

Bezug auf wichtige Lebensbereiche wie Gesundheit, Bildung und Sicherheit.

Wer die Wahrheit »anders fühlt«, bleibt skeptisch. Anhänger gefühlter Wahrheiten sind nämlich Großmeister der selektiven Wahrnehmung. Weil sie Fakten mit Meinungen und Tatsachen mit Gefühlen verwechseln, verharren sie fälschlicherweise in einem »Das kann man zwar so sehen, ich sehe es aber anders«-Modus. Denn Kriminalstatistiken oder Statistiken der WHO zur globalen Entwicklung (oder der UNO zur globalen Erwärmung!) sind schlichtweg keine Ansichtssache. Nichts, das man fühlt. Sie sind Informationen, die man zur Kenntnis nimmt, weil man sie versteht – oder leugnet, weil man sie nicht versteht bzw. nicht verstehen will. Anhänger gefühlter Wahrheiten verfolgen jedoch immer eine bestimmte Agenda. Eine Agenda der Informationsverweigerung und der selektiven Informationsaufnahme.

Im Mai 2016 wollte ein 40-jähriger Mann wie die anderen Fluggäste mit einer Passagiermaschine von Philadelphia ins nahe gelegene Syracuse fliegen. Doch dazu kam es nicht. Seiner 30-jährigen Sitznachbarin kam der Herr mit leicht südländischem Aussehen, Akzent und gelockten Haaren, der trotz aller Smalltalk-Versuche unentwegt auf seinen Computerbildschirm starrte, suspekt vor – zu ihrer zusätzlichen Beunruhigung sah sie dort kryptische Notizen und wirre Formeln. Sie alarmierte diskret die Bord Crew, die wiederum lokales Sicherheitpersonal alarmierte. Das Flugzeug blieb also auf dem Boden, Frau und Mann wurden hinforteskortiert. Und Guido Menzio, so der Name des Mannes, kritisch befragt – immerhin war er jetzt Terrorverdächtiger. Professor Guido Menzio, um genau zu sein, renommierter italienischer Ökonom einer Elite-Uni, fand sich unverschuldet in der unangenehmen Situation wieder, dem Sicherheitspersonal beweisen zu müssen, dass keine Gefahr von ihm ausgeht und die Sachen auf seinem Bildschirm nichts weiter als berufliche Differenzialgleichungen waren – und keine Bombenbau-Anleitung oder dergleichen. Das alles, weil Herr Professor Menzio es gewagt hat, mit krausem Haar und Akzent den Smalltalk seiner Sitznachbarin freundlich abzulehnen und stattdessen konzentriert mathematisch zu arbeiten. Dass Nicht-Muttersprachler mit unverständlichen Formeln auf ihren Bildschirmen eine Gefahr darstellen, ist höchstens eine gefühlte Wahrheit. In diesem Fall war der Verdächtige ein preisgekrönter Wissenschaftler. Die 30-jährige Dame handelte vorschnell, alarmistisch und, wenn wir ehrlich sind, auch rassistisch. Ob sie sich entschuldigt hat, ist leider nicht überliefert …

Nicht selten hilft die Verschwörungsmentalität bei der selektiven Informationsverarbeitung. Wer Wahrheiten lieber fühlt als versteht, für den sind Behauptungen wie »Die Statistiken sind gefälscht« (Stichwort »Lügenpresse«) ein willkommenes Argument zur Verteidigung seiner Weltanschauung, nein, Moment, ich meine: *Weltanfühlung*. Dieses antifaktische »Egal, was alle anderen sagen, ich habe recht!«-Gefühl, das so viele Menschen heutzutage umtreibt, wird im Englischen mit dem Begriff »truthiness« beschrieben – soll heißen: es geht weniger um die Wahrheit als faktische Beschreibung der Realität oder um Konsens mit anderen, sondern eher um die Intuition, dass man irgendwie doch recht hat; es geht ums Rechthaben an sich, von dem man sich um keinen Preis der Welt abbringen lassen mag, nicht abbringen lassen muss; ganz egal was Mitmenschen, Wissenschaft und Autoritäten sagen.

Aber seien wir ehrlich: Tatsachen zählen. Nicht Gefühle. Wir müssen zwar Welt und Gefühlswelt irgendwie miteinander in Einklang bringen. Dass das nicht immer klappt, ändert nichts daran, dass wir es versuchen sollten. Der Unterschied zwischen Gefühl und Tatsache ist aber gravierend. Sie können sich durchaus *beobachtet fühlen*, ob Sie wirklich *beobachtet werden*, ist jedoch eine ganz andere Sache (wir erinnern uns an den paranoiden Truman, wie ich ihn im Echtheitskapitel genannt habe). So ist es auch mit Fakten allgemein. Die Gemeinschaftsperspektive entscheidet, nicht die subjektive Perspektive.

Das nächste Mal auf dem nächtlichen Nachhauseweg können Sie beruhigt sein: Selbst wenn Sie sich im Dunkeln ein wenig fürchten sollten; es kommt weniger auf Ihr Sicherheitsgefühl an als auf Ihre tatsächliche Sicherheit. Und die ist ziemlich hoch. In Deutschland. In Europa. Im historischen Vergleich: überall.

Nichts ist unmöglich: gefühlte Möglichkeiten

Eine Sonderform der gefühlten Wahrheit ist die, wie ich sie nenne, gefühlte mögliche Wahrheit oder kurz: Die gefühlte Möglichkeit. Analog zur gefühlten Wahrheit ist auch die (gefühlte) mögliche Wahrheit *keine echte Wahrheit.*

Als im Spätherbst 2018 mehrere tausend Menschen aus Mittelamerika über Mexiko auf dem Weg in Richtung Vereinigte Staaten von Amerika waren, tat Trump das, was professionelle Angstmacher nun mal beruflich machen: Angst hervorrufen. Von den spanischsprachigen Migranten, also Männern, Frauen, Kindern, die, getrieben von der Hoffnung auf ein Leben fernab von jener Armut und Gewalt ihrer Heimatländer, einen mehrere tausend Kilometer langen Gewaltmarsch in Richtung USA antraten, sprach Trump zunächst einmal in seinen Reden und Tweets konsequent als »illegal immigrants«, anstatt sie korrekterweise »future asylum seekers« (›zukünftige Asylsuchende‹) oder schlicht »refugees« (›Flüchtlinge/Geflüchtete‹) zu nennen; immerhin gab es ja noch keinen illegalen Grenzübertritt, wieso also »illegal immigrants«?

Dann ging er einen Schritt weiter. Der Präsident verkündete per Tweet, im Flüchtlingstreck seien »Kriminelle und Unbekannte aus dem Mittleren Osten« dabei.[9] Moment: Unbekannte? Mittlerer Osten? Da klingeln beim Durchschnittsrepublikaner natürlich alle Alarmglocken. Man vermutet folgenden Klartext: Terroristen. Islamistische Terroristen. Ohne das T-Wort zu verwenden, sagte Trump: »Vorsicht! Da sind Terroristen mit dabei!« Nebenbei bemerkt: Das ist die klassische fremdenfeindliche Erzählung, dass Flüchtlinge keine echten Flüchtlinge seien (das Echtheitsproblem), sondern in Wahrheit Feinde, Invasoren, Angreifer. In Deutschland ist diese Erzählung ein AfD-Klassiker. Natürlich mit verschwörungstheoretischem Anstrich, siehe die »In Wahrheit ist A ein B«-Umetikettierung, die im Zentrum jeder waschechten Verschwörungstheorie steht.

Doch zurück zu Trump. Von Journalisten auf Beweise für seine doch etwas heikle These angesprochen, da seien islamistische Terroristen in einem hispanischen Flüchtlingszug, räumte Trump ein: »There's no proof of anything. But there could

Donald J. Trump ✔
@realDonaldTrump

Folgen ∨

Sadly, it looks like Mexico's Police and Military are unable to stop the Caravan heading to the Southern Border of the United States. Criminals and unknown Middle Easterners are mixed in. I have alerted Border Patrol and Military that this is a National Emergy. Must change laws!

⊕ Tweet übersetzen

05:37 - 22. Okt. 2018

38.169 Retweets **143.485** „Gefällt mir"-Angaben

very well be.«[10] Beweise gibt es keine, aber die Möglichkeit besteht durchaus. Wer das nicht fühlt, ist selber schuld.

Das ist die Taktik der gefühlten Möglichkeit.

Gibt es keine Beweise, entgegnet derjenige, der nach Belegen für (s)eine steile These gefragt wird: Nun ja, Beweise habe ich keine, aber was ich sage, *könnte doch sehr wohl wahr sein.*

Könnte sehr wohl wahr sein?

Karten auf den Tisch. Die gefühlte Möglichkeit ist als rhetorische Figur nichts anderes als ein spekulatives »Hätte, hätte, Fahrradkette«. Ein Ratespiel. Üblicherweise mit konspirativem Unterton (an anderer Stelle hieß es gar von präsidentieller Seite, die Demokraten hätten den Flüchtlingszug aus strategischen Gründen organisiert).[11]

Wer eine gefühlte Möglichkeit in den Raum stellt, dem ist bewusst, dass es keinerlei Beweise gibt, die seine Behauptung untermauern könnten. Keine. Wie bei einer normalen gefühlten Wahrheit kommt es lediglich darauf an, was sich für den Sprecher »als wahr anfühlt«, in diesem Fall die Möglichkeit, die sich irgendwie wahr anfühlt. Kurz: Man behauptet einfach irgendwas, das ins eigene Weltbild passt. Verbreitet Vorurteile. Sobald kritische Zuhörer dann berechtigterweise nachfragen, verweist man abwinkend auf eine diffuse Kontingenz – etwas genervt natürlich, denn auf Fakten und Belege kommt es im Kosmos gefühlter Wahrheiten ja doch eh nicht an (Stichwort »Schrödingers Migrant«).

Die Sprecherin des Weißen Hauses, Sarah Huckabee Sanders, antwortete übrigens zu einem späteren Zeitpunkt, man habe »absolut« Beweise für die Trump'sche Terrorismusbehauptung parat – blieb dann aber selbst wiederum den Beweis für ihre »Wir haben Beweise«-Behauptung schuldig.[12]

Warum?

Weil sie gar keine Beweise hat.

Möglicherweise.

Sagt mir zumindest mein Gefühl.

Ein Trugschluss einfach erklärt

Es gibt Dinge, die können wir gut erklären – und es gibt Dinge, die können wir weniger gut erklären. Gut erklären können wir das uns Bekannte. Womit wir im Alltag viel zu tun haben. Das versteht sich doch von selbst, oder? Keineswegs. Im Gegenteil: Weniges versteht sich von selbst, und Menschen verstehen allgemein weniger, als sie glauben. Die Illusion, dass unsere Erklärungen tief reichen (*illusion of explanatory depth*), bezeichnet einen jener Trugschlüsse, denen wir leicht unterliegen.[13] Er besagt: Wir glauben, mehr erklären zu können, als wir eigentlich erklären können.

Nehmen Sie sich einen Stift und ein Blatt Papier. Ich möchte Sie bitten, aus dem Gedächtnis ein Fahrrad zu zeichnen. Ein ganz normales Fahrrad. Aber bitte so, dass es funktioniert. Sollte doch kein Problem sein. Also zwei Räder, klar, dann einen Lenker, die Räder sind verbunden über eine Stange, also, äh, so ein Gehäuse, Pedale dürfen nicht fehlen … und, ja, dann natürlich die Kette, die die beiden Räder … nochmal wie genau mit den Pedalen verbindet? Ich bin überfragt. Sie? Probieren Sie es ruhig aus. Ähnlich, wie ich mich hier schwertue, den Aufbau eines Fahrrads mit Worten zu beschreiben, geht es den meisten Menschen, ob beim Fahrradzeichnen oder Fahrradbeschreiben. Menschen, die allesamt die Frage »Können Sie ein normales Fahrrad zeichnen?« natürlich belächelt und unbedingt bejaht hätten. Tatsache ist: Die allerwenigsten können es.[14]

Die Illusion über die Tiefe unserer Erklärungen betrifft nicht nur Fahrräder, sondern alle möglichen Aspekte unserer Lebenswirklichkeit. Ob Kühlschrank, Reißverschluss oder komplexere Dinge wie Parlamente, Gesetze, Presseagenturen oder Immunisierung durch Impfung – werden wir nach einer grundsätzlichen Schritt-für-Schritt-Erklärung gefragt, wie die

Dinge in unserer Welt funktionieren, versagen die meisten von uns zu ihrem eigenen Erstaunen schnell. Wir überschätzen das, was wir aus dem Stegreif erklären können, massiv.

Ich würde sagen: 99 % derjenigen, die ihren PC oder ihr Smartphone nutzen, um ihre Technik-Skepsis und ihren Antiintellektualismus in die Welt zu ballern, können weder Aufbau noch Funktionsweise ihres PCs oder Smartphones ausreichend detailliert und inhaltlich korrekt beschreiben. Wissen Sie, wie ein Bewegungsmelder funktioniert?

Dass wir unsere Welt und allem voran Dinge, mit denen wir viel zu tun haben, mit Leichtigkeit korrekt beschreiben können, ist eine gefühlte Wahrheit. Und wie alle gefühlten Wahrheiten ist sie mehr Gefühl als Wahrheit. Und, wenn wir ehrlich sind, mehr falsch als wahr. Wir leiden fälschlicher- und arroganterweise an einer radikalen Überschätzung unserer Kompetenz, etwas zu erklären. Der Glaube, einfach durchschauen zu können, wie die Dinge so laufen, leistet natürlich auch Verschwörungstheorien Vorschub. Aber das muss ich Ihnen ja wohl nicht erklären!

Tot *und* lebendig

Sofern ich ein legitimes Wahrheitsinteresse habe, bin ich an elementare logische Zusammenhänge gebunden. Dafür muss ich kein ausgebildeter Logiker sein – der gesunde Menschenverstand genügt. *Den Satz vom ausgeschlossenen Dritten* wenden wir beispielsweise alle intuitiv an. Dieses logische Grundprinzip besagt, dass für manche Sachverhalte nur Beschreibung X oder Beschreibung Nicht-X in Frage kommt (und nie beide Beschreibungen gleichzeitig). Es gibt keine dritte Option (die Lateiner sagen dazu *tertium non datur*). Der Fernseher ist an *oder* er ist aus. Ich bin entweder anwesend *oder* nicht hier. Angela Merkel ist Bundeskanzlerin oder Angela Merkel ist nicht Bundeskanzlerin. Es gilt in diesen Fällen nie beides gleichzeitig – und auch kein Drittes.

Der Klassiker: Entweder ist ein Mensch tot *oder* lebendig. Gleichzeitig tot und lebendig?

Unmöglich.

Unlogisch.

Unsinn.

Das gilt für Mensch und Tier (selbst für Katzen, so hypothetisch sie auch immer sein mögen).

Nur einer dieser beiden Sätze kann folglich wahr sein: »Osama bin Laden lebt.« oder »Osama bin Laden ist tot.«

So weit, so klar.

Allerdings: Nicht allen.

Verschwörungstheoretiker sehen das in der Regel etwas anders. Die Sozialpsychologen Michael Wood, Karen Douglas und Robbie Sutton haben mit einer Studie bewiesen, dass Verschwörungstheoretiker nicht nur offen für verrückte Ideen, sondern offen für elementare logische Widersprüche sind.[15]

Studienteilnehmern wurden verschiedene verschwörerische Erklärungen für Ereignisse präsentiert. Sie wurden gebeten, Aussagen nach Plausibilität und Zustimmung zu bewerten (1 = Ich stimme absolut nicht zu, …, 7 = Ich stimme uneingeschränkt zu).

Zu den Todesumständen von Prinzessin Diana standen Aussagen wie

»Prinzessin Diana wurde vom britischen Geheimdienst MI6 ermordet.«

»Prinzessin Diana hat ihren Tod vorgetäuscht, um ein ruhiges Leben mit Dodi, ihrem letzten Liebhaber, zu führen.«

»Geschäftspartner von Dodi und seinem Vater Mohammed Al-Fayed ermordeten Dodi, wobei der Tod von Diana Teil einer Vertuschungsaktion war«.

Wenn Sie jetzt mit den Augen rollen, das sei doch absurd: Dass Prinzessin Diana von den Geheimdiensten ermordet wurde, halten stolze 25 % der Deutschen für »wahr« oder »sehr wahrscheinlich«.[16]

Oder ein anderes Beispiel: das Ende des Terroristen Osama bin Laden:

> »Osama bin Laden starb bei der US-amerikanischen Militäroperation.«
> »Osama bin Laden war um das Jahr 2000 herum bereits tot.« [Eine These, die von 9/11-Truthern oft als Beweis dafür angeführt wird, dass bin Laden nicht hinter 9/11 stecken kann, da er ja bereits tot war.]
> »Osama bin Laden lebt noch.«

Es gibt übrigens Crossover-Verschwörungstheorien, die mehrere Theorien kombinieren. Meine persönliche Prinzessin-Diana-Lieblingsverschwörungstheorie lautet: Prinzessin Diana wurde deshalb umgebracht, weil sie vorab von den Anschlagsplänen des 11. September erfahren und versucht habe, 9/11 zu verhindern. Sie starb 1997, 9/11 war 2001. Noch Fragen?

Wir sehen: Die Behauptungen zu Diana bzw. Osama bin Laden widersprechen sich in Teilen oder sogar vollständig. Probanden wurden gebeten anzugeben, für wie glaubwürdig sie die jeweiligen Aussagen halten. Es stellte sich heraus, dass manche Verschwörungstheoretiker eine derartige Abneigung gegen die »offizielle Story« (also die allgemein als gültig anerkannte Beschreibung der Wirklichkeit) hegen, dass sie so ziemlich jede alternative Wirklichkeitsbeschreibung bevorzugen. Wood, Douglas und Sutton fanden heraus: Wer davon überzeugt ist, dass die offizielle Beschreibung Teil eines Falsche-Flagge-Täuschungsmanövers ist, neigt dazu, gleich mehreren Alternativerzählungen zuzustimmen – selbst dann, wenn diese sich teilweise oder ganz widersprechen. Der Satz vom ausgeschlossenen Dritten fällt dem Verschwörungsglauben zum Opfer: Als Resultat leben Prinzessin Diana und Osama bin Laden heute noch. Und sind tot. Oder beides, irgendwie.

Ich weiß, dass ich nichts wissen will.
Über gewolltes Nichtwissen

Was wir wissen, ist wichtig. Keine Frage. Wie Entdecker fremder Kontinente erschließen wir uns Stück für Stück, Meter für Meter eine uns zuvor unbekannte Welt. Durchdringen den Dschungel des Unwissens mit unserem machetenscharfen Verstand. Natürlich: Einiges bleibt unerkannt. Unerforscht. Doch nicht alles bleibt deswegen unerforscht, weil wir es nicht erforschen *könnten*. Im Gegenteil: Es gibt Wissensbereiche, in die *wollen* wir nicht vorstoßen. Es gibt Dinge, die wir nicht wissen *wollen*. Bisweilen lassen wir bewusst die Machete stecken. Nicht-wissen-Wollen kann nämlich eine Entscheidung sein. Eine wichtige. Wissen kann Sicherheiten zerstören, beunruhigen, ja: in Angst versetzen. Also: lieber nicht wissen.

Im Folgenden soll es um gewolltes Nichtwissen gehen. Die Bereiche der Wissenslandkarte, die wir ganz bewusst unentdeckt lassen.

Zunächst einmal gibt es zwei grundlegende Intuitionen bezüglich Lernen und Wissen(-Wollen). Wir alle kennen sie. Sie lauten:

1) Menschen wollen immer möglichst viel wissen.
2) Wissen ist immer wünschenswert.

Die erste Intuition ist eine anthropologische. Also: Über den Menschen. Sie kennzeichnet uns als wissbegierige Wesen, die niemals genug gelernt haben. Wir finden diese Annahme auch in antiken Sentenzen wie »non scholae, sed vita (discimus)« – ›nicht für die Schule, sondern fürs Leben (lernen wir)‹. Das bedeutet: Neugierig zu sein, lohnt sich für den Menschen immer. Lernen liegt in unserer Natur. In manchen Varianten ist diese Intuition quasi ein Gesetz: Menschen *sollten* immer möglichst viel und dies möglichst genau wissen wollen.

Die zweite Intuition bezieht sich auf unsere Erkenntnisform, ist eine epistemische. Sie bezieht sich also auf das Wissen selbst. Sie besagt, dass Wissen einen Selbstwert besitzt. Je mehr du weißt, desto besser. Wissen sei ein Gut an sich. Lernen heißt, einen Weg der Erkenntnis abzuschreiten – einen Weg, den es sich auf jeden Fall zu gehen lohnt. Diese Intuition will uns sagen: Es gibt kein falsches Lernen.

Eine Untersuchung von gewolltem Nichtwissen muss also immer diese beiden Annahmen hinterfragen. Mehr noch: Nachdenken über gewolltes Nichtwissen widerspricht diesen zwei Intuitionen direkt; in ihrer radikalen Variante stimmen sie schlicht und einfach nicht. Tatsächlich ist das Gegenteil der Fall:

1a) Menschen wollen nicht immer möglichst viel wissen.
2a) Wissen ist nicht immer wünschenswert.

Denn außer Frage steht: Es gibt gewolltes Nichtwissen. Es gibt die adoptierten Kinder, die ganz bewusst darauf verzichten, herauszubekommen, wer ihre biologischen Eltern sind. Es gibt den Ehemann, der lieber nicht nachfragt, wo seine Frau wirklich war, obwohl er vermutet, dass sie ihn belügt, wenn sie sagt, sie habe nur kurz eine Freundin besucht. Es gibt medizinische Wahrheiten, die man lieber ungewusst lässt (erinnern wir uns an Kermit, der doch eigentlich wissen sollte, wer oder was da eigentlich in seinem Körper herumfuhrwerkt). Dass HIV-Test-Resultate *nicht* aus den Arztpraxen und Behandlungszentren abgeholt werden, ist keine Seltenheit.[17] Wenn wir ein wenig nachdenken, fallen uns allen Dinge ein, die wir nicht erfahren möchten, auch wenn wir könnten. Selbst, wenn es vielleicht sinnvoll wäre, sie zu erfahren. Oder Dinge, die wir erfahren haben – und lieber nicht erfahren hätten!

Doch eine Entwarnung: Gewolltes Nichtwissen ist keineswegs immer tragisch. Nichtwissen kann durchaus auch zum Anstieg der Lebensqualität beitragen. Manche Lottospieler – und ich gehöre zu ihnen – heben ihren Lottoschein gerne etwas länger auf, anstatt sofort nach der Ziehung nachzusehen, ob sie gewonnen haben oder nicht. Natürlich, man könnte die Lottozahlen auch direkt abgleichen. Das Nichtwissen ermöglicht es allerdings, sich noch einige Zeit länger als potenziellen Lottogewinner zu sehen. Es verlängert den Spannungsbogen. Erst beim Nachschauen der Zahlen bzw. beim Nachschauen-Lassen des Lottoscheins im Kiosk *weiß* man ja unwiderruflich und endgültig, dass man (nicht) gewonnen hat.

Eine weitere Variante des gewollten Nichtwissens sind die sog. *Spoiler* (nach dem englischen Verb *to spoil*, ›verderben‹). Du sollst mir auf keinen Fall erzählen, wie das Staffelfinale von *Game of Thrones* ausgegangen ist! Sofern es mich interessiert, schaue ich es lieber selber. Bis dahin sind inhaltliche Angaben Spoiler – ein Wissen, das gewolltes Nichtwissen auflöst bzw. durch Wissen ersetzt, das mir den Spaß verdirbt.

Oder ein anderer Fall: Sinfonie-Orchester stellen mehr Frauen ein, wenn das Vorspielen für offene Stellen hinter einer Sichtschutzwand stattfindet. Die Jury kann den Musiker bzw. die Musikerin nicht sehen – nur hören. Sexismus hat so keine Chance.

Nicht wenige Firmen anonymisieren die Bewerbungen auf offene Stellen. Das Resultat ist eine geringere Diskriminierung bei der Einstellung neuer Mitarbeiter. Nachweislich haben es Achmed, Muhammed und Alya in Bewerbungsverfahren in Deutschland bei identischer Qualifikation schwerer als Michael, Thomas und Charlotte.[18] Bei einem anonymisierten Verfahren konzentrieren sich Personaler nur auf Ausbildung und Qualifikation, nicht auf Herkunft und Geschlecht.

»Ein Teil dieser Antworten würde die Bevölkerung ver-
unsichern«, sagte er und schwieg.

Thomas de Maizière, der damalige Bundesinnenminister,
sorgte im November 2015 für großes Aufsehen, als er sich
dafür entschied, der Öffentlichkeit während einer Presse-
konferenz keine Details bezüglich einer damaligen akuten
Terrorgefahr mitzuteilen. Ein Fußball-Länderspiel war zuvor
aus Angst vor einem Terroranschlag abgesagt worden. Doch
weniger die Terrorgefahr, sondern viel eher diese Politik der
Informationszurückhaltung war es, welche die Bevölkerung
am Ende zutiefst verunsicherte. Details zur Terrorgefahr waren
für die meisten Zuhörer *nicht* gewolltes Nichtwissen bzw. un-
gewolltes Nichtwissen. Im Gegenteil: Die Öffentlichkeit hätte
gerne mehr gewusst. De Maizière bereute seinen Satz später
und entschuldigte sich.

Die psychischen Mechanismen hinter gewolltem Nichtwissen
sind bisher wenig wissenschaftlich untersucht. Doch die Psychologen um Ralph Hertwig und Christoph Engel erforschen
das, was Menschen absichtlich nicht wissen wollen.[19] Beide
sehen mehrere Gründe, die Menschen dazu bewegen, etwas
absichtlich ungewusst zu lassen. Zum Beispiel gibt es das
gewollte Nichtwissen aus Gründen sozialer Gerechtigkeit (die
erwähnten anonymisierten Bewerbungsverfahren und Sicht-
schutzwände beim Casten von Sinfonieorchestermitgliedern
fallen unter diese Kategorie). Hier geht es darum, niemanden
durch ein bestimmtes Detailwissen zu benachteiligen, und sei
es unbewusst.

Eine andere Kategorie: Angenommen, dass wir das Ende unserer Lieblingsserie oder das Resultat unseres Lottoscheins nicht
schnell und erst recht nicht durch andere erfahren wollen; diese

Fälle fallen unter die Kategorie des *gewollten Nichtwissens aus Gründen der Spannungs- und Überraschungsmaximierung*. Indem wir bestimmte Informationen absichtlich ausblenden, verweilen wir länger in einem uns wünschenswerten Zustand der Unwissenheit. Ganz bewusst.

In vielen Fällen ziehen wir das Nichtwissen allerdings vor, weil wir die negativen Konsequenzen fürchten. Das Wissen selbst und seine Konsequenzen erscheinen uns als nicht wünschenswert, strategisch nachteilhaft oder gar bedrohlich. Einige Beispiele: Das Wissen um eine Affäre kann die Stabilität einer Ehe bedrohen. Das Wissen um eine vielleicht noch gar nicht ausgebrochene Krankheit kann uns in Angst versetzen (die Erbkrankheit Chorea Huntington z. B. kann man sehr gut per Gentest voraussagen; sie heilen oder den Krankheitsausbruch verhindern kann man allerdings nicht).

Und noch gefährlicher: Im Fall des ansteckenden HI-Virus wird es schnell zum moralischen Problem, sollten wir uns auf Verdacht testen lassen, jedoch das Resultat aus Angst ignorieren; weil die Krankheit nun einmal ansteckend ist und wir im Fall der Fälle unsere zukünftigen, unsere momentanen und unsere ehemaligen Sexualpartner informieren sollten. Genau vor dieser Verantwortung drücken sich jedoch manche Menschen, indem sie Nichtwissen bevorzugen. Eine nachvollziehbare, aber katastrophal falsche Problemlösungsstrategie, man könnte sagen: Schrödingers HIV-Test: Bloß nichts wissen darüber, ob die Katze nun tot ist oder nicht.

Gewolltes Nichtwissen aus emotionalen Gründen gehört zu den häufigen Motiven der bewussten Erkenntnisvermeidung. Gewolltes Nichtwissen erfüllt oft eine *strategische Funktion*. Was ich nicht weiß, macht mich nicht heiß: Der Träger des Nobelpreises für Literatur Günter Grass ließ seine Stasi-Akten stellenweise schwärzen – er wollte bei der Akteneinsicht nicht erfahren, welche seiner Freunde ihn für den DDR-Geheimdienst ausspioniert hatten. Oder: Einer der Mit-Entdecker der DNS, James Watson, bestand darauf, bei der Aufschlüsselung seiner eigenen DNS-Sequenzen nicht alles zu erfahren; er ließ die genetischen Stellen, die Hinweise auf eine familiäre Alzheimer-Erkrankung gegeben hätten, bewusst zensieren.

Oder: Im Jahr 2018 wurde öffentlich diskutiert, ob man einen Down-Syndrom-Test für Schwangere durch die Krankenkasse bezahlen lassen sollte. Doch was würde das nach sich ziehen? Falls dieser Service von vielen Eltern in Anspruch genommen werden sollte: Wirft das dann ein schlechtes Licht auf alle Eltern, die diesen Test nicht durchführen lassen wollen? Die dann vielleicht auch noch ein Down-Syndrom-Kind bekommen? Von wegen: »Ihr hättet es ja wissen können, ja: wissen müssen!«

Der Philosoph Daniel DeNicola weist zu Recht darauf hin, dass dieses Nicht-erfahren-Wollen selbst eine Handlung ist, die unter Umständen beträchtliche geistige Energie erfordert.[20] Dabei sind die Beispiele für ein solches Vermeidungsverhalten allgegenwärtig. Als gläubiger Christ widerspricht es vielleicht meinem Weltbild, wenn ich erfahre, dass mein Sohn schwul ist – also vermeide ich es aktiv, Vermutungen in diese Richtung zuzulassen oder gar ein offenes Gespräch diesbezüglich zu suchen. Eine erahnte Wahrheit nicht wissen zu wollen, kann sehr anstrengend sein. Wahrheitsvermeidung ist harte Arbeit. Ganz nach Christian Morgenstern:

> »Weil‹, so schließt er messerscharf,
> ›nicht sein kann, was nicht sein darf.‹«

Fakt ist: Was man einmal weiß, kann man nicht mehr ent-wissen. Die Eltern, die vom Drogenkonsum ihrer Tochter erfahren, können schlecht so tun, als wäre nichts passiert. Klar, Verdrängung gibt es: Ich kann so tun, als hätte ich von Sachverhalt X nie erfahren. Eine unangenehme Wahrheit zu unterdrücken, ist aber etwas radikal anderes, als sie *tatsächlich niemals er-*

fahren zu haben. Der Chef, der zufällig mitbekommt, wie zwei Mitarbeiter einen dritten mobben – der kann das ignorieren, so tun, als hätte er nichts mitbekommen. Mitbekommen hat er es aber dennoch. Ein vollständiges Löschen der selektiven Wahrnehmung bzw. Leugnung unangenehmer Wahrheiten? Unmöglich.

Wir wollen also bestimmte Dinge nicht wissen, weil das, was wir wissen, in der Regel Konsequenzen hat. Für uns und andere. Wissen bestimmt unser Handeln, wird handlungsleitend. Bisweilen müssen wir aufgrund unseres Wissens unbedingt etwas unternehmen. Das führt zu nicht immer angenehmen Handlungen. Ohne Wissen um den Grund einer Konfrontation fällt die Konfrontation weg. Wissen kann Konflikt bedeuten. Zwiespalt. Dilemma. Kognitive Dissonanz.

Als kognitive Dissonanz bezeichnen Forscher einen Gefühlszustand, der als unangenehm empfunden wird, auch deshalb, weil er im Prinzip nicht aufzulösen ist: Wir haben verschiedene Kognitionen (Wünsche, Gedanken, Meinungen, auch: generelle Einstellungen). Diese Kognitionen sind jedoch nicht immer miteinander vereinbar.
Beispiel: Ich will die Umwelt schützen, aber auch in den Urlaub mit einem Billigflieger. Daraus entsteht eine Spannung, eben eine kognitive Dissonanz.
Oder ein anderes Beispiel: Ich finde, mein Land sollte ein starkes Militär haben und auch vor militärischen Konflikten nicht zurückschrecken. Dennoch habe ich Angst um meine Tochter, als ich erfahre, dass sie sich als Berufssoldatin verpflichtet.
In Anlehnung an Goethe können wir oft genug von uns sagen: »Zwei Meinungen wohnen, ach! in meinem Kopf!«[21] Wenn wir Pech haben, führt dies zu einer kognitiven Dissonanz.

Zusammenfassend: Gewolltes Nichtwissen gibt es nicht nur ab und zu – ganz im Gegenteil: Wir begegnen ihm ständig, es ist relativ normal. Wir alle entscheiden uns oft genug dafür, Dinge nicht zu erfahren. Selbst dann, wenn es nicht um Leben und Tod geht. Gewolltes Nichtwissen kann produktiv für ein gelungenes Leben sein. Ein stabilisierender Faktor.

Allerdings kann Nichtwissen auch schnell kontraproduktiv und destabilisierend werden, wenn wir aus Angst vor emotionaler Belastung uns einer Verantwortung nicht stellen. Wissensvermeidung als Problemvermeidung. Weil wir Angst vor dem Zugzwang haben, dem Handeln-Müssen als Folge des Wissens. Wann Nichtwissen sinnvoll ist und wann nicht, das muss jeder selbst entscheiden. Wahrheiten lassen sich ignorieren – die Frage ist, um welchen Preis.

Doch erst richtig schlimm wird es, wenn einem droht, dass das eigene Nichtwissen auffliegen könnte – und derjenige mit aller Macht dagegen ankämpft, seinen Nichtwisserstatus zu verlieren. Nicht nur, aber vor allem Verschwörungstheoretiker sind gut darin, kein neues Wissen zuzulassen und allem, was ihren Ansichten widerspricht, den Wahrheitsgehalt abzusprechen.

Die realen Folgen. Über Wahrheit und Gesellschaft

Die gute alte Wahrheit. Wäre sie ein Lebewesen, so stünde sie nicht erst seit gestern auf der Roten Liste gefährdeter Arten. Die Aufzählung ihrer Feinde dauert einen halben Nachmittag. Zumindest gefühlt. Lügner, Populisten, Fake-News-Ersteller und -Verteiler, Faktenverdreher, Propagandisten, Manipulatoren, Antidemokraten, Verschwörungstheoretiker. Und das ist nur die Spitze des Eisbergs.

Donald Trump wurden von Faktencheckern der *Washington Post an einem einzigen Tag* im Juni 2018 stolze 77 Falschaussagen nachgewiesen. Im Juni und Juli 2018 wurden insgesamt 970 Falschaussagen gezählt, also durchschnittlich 16 nachweislich falsche Trump-Aussagen täglich.[1] Auf das Jahr gesehen, ergeben sich ganz ähnliche Zahlen.[2] Dabei handelte es sich nicht nur um dreiste Lügen (manche davon waren es aber sehr wohl), doch alle falschen Aussagen betrafen Sachverhalte, bei denen man als Zuhörer eigentlich davon ausgehen muss, dass der Präsident der Vereinigten Staaten von Amerika es besser wissen müsste.[3] Falschaussagen im Sinne von: faktisch falsche Aussagen. Nachweislich falsche Beschreibungen der Welt. Ob es sich dabei um Lügen handelt? Die Faktenchecker der *Washington Post* wollen diesen Terminus vermeiden. Weil die für eine Lüge nötige Täuschungsabsicht nicht immer belegbar ist.

Täuschungsabsicht hin oder her.

Lange Rede, kurzer Sinn: Es scheinen antifaktische Zeiten zu herrschen.

Doch was heißt das: Antifaktische Zeiten? Für uns, die Allgemeinheit?

Wie Sie vielleicht gemerkt haben: Mit meiner Wortwahl positioniere ich mich bewusst gegen die inflationäre Verwendung des Begriffes »postfaktisch«.[4] Denn was soll das heißen: ohne Fakten? Es geht doch viel mehr um kontrafaktische oder eben antifaktische Behauptungen.

Die gesellschaftliche Rolle des menschlichen Wahrheitsstrebens, und gleichzeitig die Kraft der menschlichen Wahrheitsfeindlichkeit, sind kaum zu überschätzen. Im Verlauf dieses Buches wurde deutlich, dass wir alle Beschreibungsfanatiker sind. Wir können einfach nicht ohne. Weder als Spezies noch als Individuen. Um uns in der Welt zurechtzufinden, *müssen* wir sie begreifen. Deshalb *wollen* wir sie begreifen. »Begreifen« bedeutet dabei: nicht nur wortwörtlich mit Händen, sondern vor allem mit Worten und Konzepten. Nicht mit irgendwelchen Worten und Konzepten, sondern den bestmöglich passenden. Mit den falschen greift man gedanklich daneben.

Der Kampf um die Wahrheit ist ein Wetteifern um die beste Weltbeschreibung. Und wir wetteifern nicht ohne Grund miteinander.

»Der russische Geheimdienst hat manipulativ in den US-Wahlkampf 2016 eingegriffen.«
»Es gibt einen systematisch geplanten Zuzug von Migranten.«
»Impfungen sind gefährlich.«
»Den Klimawandel gibt es – und Menschen verursachen ihn maßgeblich.«
»Es gibt Außerirdische. Sie leben unter uns.«

Sätze wie diese sind Weltbeschreibungsangebote. Aus Wörtern werden Behauptungen, die entweder viel Wahres haben oder wenig (bzw. nichts). Ob wir sie glauben, ist unsere Sache. Ich möchte argumentieren: *unsere Sache* als Gemeinschaft. Ob wir solche Sätze als »glaubwürdig« oder als »unglaubwürdig« bzw. als »wahr« oder als »unwahr« bezeichnen, ist nämlich ganz und gar nicht egal. Davon hängt einiges ab. Letztlich können wir uns als Individuen aussuchen, wem und was wir glauben wollen. Ich kann mir allerdings nicht als Individuum aussuchen, was stimmt.

Unser Wissen geht in unser Handeln über. Wir wollen auch deshalb mehr wissen, um angemessener, um besser zu handeln.

Weltbeschreibungen sollen deswegen gedanklich zur Welt und zu uns passen, damit die Handlungen dann auch entsprechend sind, die wir auf Grundlage dieser Gedanken ausführen (denken wir zurück an das Beispiel mit der Polizeikontrolle). Der Gedanke ist bekanntlich Vater der Handlung. Unter der Voraussetzung, dass Impfungen gefährlich sind: Wieso um alles in der Welt sollte ich mein Kind impfen lassen? Und unter der Voraussetzung, dass Chemtrails existieren und gefährlich sind: Warum um Himmels willen sollte ich mich der Gefahr von Kondensstreifen aussetzen?

»Impfung? Nein, Danke!«: Verschwörungstheorien und ihre gesellschaftlichen Folgen

Die gesellschaftlichen Folgen von Unwahrheiten und Verschwörungstheorien sind schwer abzuschätzen. Fest steht: Es gibt sie, die Folgen. Populäres Gedankengut hat immer Konsequenzen. Doch wie schwerwiegend sind sie?

Warum wir uns hier erneut den Verschwörungstheorien zuwenden? Weil es sich beim Verschwörungsdenken um ein *strukturelles Unwahrheitsdenken* handelt. Ihr Erkenntnisweg ist, wie wir gesehen haben, mangelbehaftet, ist defizitär. Es ist eine Form der Weltbeschreibung ohne Rücksicht auf den Wahrheitsgehalt. Blinder Glaube – oder zumindest auf einem Auge blinder Glaube, so dass die Tiefenwahrnehmung fehlt. Sollte ich tatsächlich der Meinung sein, dass Regierungen vor allem Böses im Schilde führen, wird mich nichts von diesen Überzeugungen abbringen. Sollte ich die Presse für durchweg verlogen halten, wird mich nichts von ihrer Aufrichtigkeit überzeugen. Sollte ich Impfungen für einen Teil eines großen Komplotts *gegen* die Gesundheit halten, werde ich Gleichgesinnte finden, die mir helfen, meinen Irrglauben zu zementieren. Fakten, die meiner Sichtweise widersprechen, sind (in meinen Augen gar) keine

Fakten – und Menschen, die mir widersprechen, sind Teil der Lüge. Als Anhänger einer Unlogik hat jeder Verschwörungstheoretiker immer recht. Der Zweifel wird giftig, wird toxisch.

Sollte ich das *Gefühl* haben, getäuscht zu werden, ist mir mein Gefühl wichtiger als dessen faktische Grundlage. Auf der Gedanken-Autobahn fahren die Gefühle immer auf der Überholspur, lassen sich nicht ausbremsen.

Verschwörungseinstellungen sind oft Ideologien. Letztlich handelt es sich um unverrückbare Weltbilder. Deshalb haben es Gegenargumente schwer, offensichtliche Widersprüche werden immer und immer wieder verworfen. Das konspirative Denken ist, wie wir gesehen haben, keine erkenntnis- und wahrheitsfördernde Form des Denkens, sondern ist erkenntnis- und wahrheitsfeindlich. Oder, wie der Historiker Paul Nolte meint: Es handelt sich hier um »ein Weltbild des Ressentiments, mit immer neuen Verschwörungstheorien und Sündenböcken. Im Prinzip ist das ein Weltbild des permanenten Betrogenwerdens.« Das Problem: »Diese Vorstellung hat sich schon stark in die Gesellschaft eingefressen.«[5]

Kommen wir zu den Folgen.

Gibt es reale Konsequenzen irrealer Gedanken?

Zweifellos. Die gibt es.

Donald J. Trump ✔
@realDonaldTrump

Folgen ⌄

Healthy young child goes to doctor, gets pumped with massive shot of many vaccines, doesn't feel good and changes - AUTISM. Many such cases!

🌐 Tweet übersetzen

05:35 - 28. März 2014

Präpräsidentieller Unsinn.

Die Psychologen Daniel Jolley und Karen Douglas haben die Folgen von Verschwörungstheorien genauer untersucht.[6] Sie versuchten herauszubekommen, ob sich die Gedankenwelt ihrer Studienteilnehmer durch den Kontakt mit konspirativem Gedankengut verändert. In ihren Studien geht es insbesondere darum, die Absichten von Probanden vor und nach einer Konfrontation mit Verschwörungstheorien zu vergleichen. Was diese gedachten *zu tun*. Vorher und nachher.

Die Psychologen sammelten eine Menge freiwilliger Teilnehmer und teilten diese in Gruppen auf. Die Teilnehmer wurden zuvor – wie bei solchen Erhebungen üblich – nicht im Detail darüber informiert, worum es bei den Befragungen geht (zu viel Vorwissen würde das Ergebnis verfälschen – ein weiterer Effekt, den Wissen haben kann). Die Probanden wurden aufgeteilt in eine Verschwörungstheoriegruppe und eine Nichtverschwörungstheoriegruppe.

Je nach Studie gab es unterschiedliche Themen, zu denen den Teilnehmern Texte vorgelegt wurden. In einer ersten Studie ging es um Klimawandel und Erderwärmung, in einer zweiten Studie um Impfungen und in einer dritten um Wahlen und politische Teilhabe. Den Menschen in der Verschwörungstheoriegruppe gegenüber wurde der Begriff »Verschwörungstheorie« natürlich vermieden. Nichtsdestoweniger erfüllten die ihnen vorgelegten Aussagen und Beschreibungen die im Verschwörungskapitel erarbeiteten Merkmale: Es ging um eine mächtige Minderheit, die die Öffentlichkeit täuscht, um so im Geheimen durch Täuschung ihrer eigenen Bereicherung nachzugehen usw. Die Mitglieder der Verschwörungstheoriegruppe bekamen Texte mit konspirativem Inhalt. Dort hieß es dann zum Beispiel:

»Es häufen sich die Hinweise, dass Impfungen mehr Schaden anrichten, als dass sie helfen. Bis zum Jahr 2002 wurden Zehntausende Reaktionen auf Impfungen gemeldet – inklusive Todesfälle. Da sich viele Betroffene nicht melden, liegt die Dunkelziffer vermutlich beträchtlich höher.«

Diejenigen in der Vergleichsgruppe erhielten einen Text, der den wahren Tatsachen entspricht:

»Es gibt wenig Hinweise darauf, dass Impfungen gesundheitsschädlich sind. Die Nebenwirkungen sind minimal, und während Millionen Menschen im Verlauf der Jahre immunisiert wurden, zeigten weniger als 0,005 % davon jemals eine negative Reaktion auf eine Impfung.«

Der einen Gruppe wurden also erfundene negative Aspekte von Impfungen mit einem verschwörerischen Unterton präsentiert. Die andere Gruppe erhielt faktisch nachgewiesene Informationen, die dem tatsächlichen Stand der Wissenschaft entsprechen. Im Anschluss wurden alle Teilnehmer gebeten, sich vorzustellen, ein Kleinkind zu haben, und gefragt, ob sie sich vorstellen könnten, dieses Kleinkind in der nächsten Woche impfen zu lassen.

Die Studien zu den Themen Klimawandel bzw. politische Teilhabe hatten einen ähnlichen Aufbau. Den Teilnehmern der Klimastudie wurde in der einen Gruppe ein Text präsentiert, der Klimawandel als eine unglaubwürdige Erfindung einer politischen und wissenschaftlichen Elite darstellte. So ungefähr lautet auch die »klassische« Klimaverschwörungserzählung. Den anderen wurde der Klimawandel als besorgniserregende ökologische Herausforderung beschrieben, der sich die Menschheit stellen muss, und zwar nicht zuletzt aus dem Grund, weil sie ihn durch ihr Handeln wesentlich mitverursacht. So lautet auch der wissenschaftliche Konsens.

Bei den Politikstudienteilnehmern verlief es ähnlich. Die einen erhielten einen Text, der die (vermeintliche) Verwicklung von Regierungen in alle möglichen geheimen Ereignisse und düsteren Pläne darlegte. Vom Tod von Prinzessin Diana bis hin zu Bombenanschlägen in London – überall hätten Regierungen insgeheim ihre Finger im Spiel, so behaupteten die Texte dieser Gruppe. Die Vergleichsgruppe bekam das Gegenteil zu lesen, dass es nämlich keine ernst zu nehmenden Hinweise geschweige denn Beweise dafür gebe, dass demokratische Regierungen nachweislich und regelmäßig in Mordanschläge oder Terrorangriffe verwickelt seien.

Das Ergebnis der Studien?

Das verschwörerische Gedankengut entfaltete seine Wirkung. Und zwar in allen drei Studien. Nach der Lektüre der verschwörungstheoretischen Texte waren die Probanden der Impfstudie weniger dazu bereit, ihr Kind impfen zu lassen.[7] Die aus der Klimastudie waren weniger gewillt, den Planeten und sein Klima durch eine »grüne Lebensweise« (Fahrrad zu fahren statt Auto, weniger Tiere zu verzehren usw.) zu schonen. Die Politikstudienteilnehmer waren anschließend weniger bereit, an demokratischen Wahlen teilzunehmen.

Die Absichten der Studienteilnehmer hatten sich geändert.

Wieso?

In allen drei Studien spielte ein Gefühl der *Ohnmacht* eine wesentliche Rolle. Die Verschwörungstheorien – sei es über Impfungen, das Klima oder böswillige Regierungen – verstärkten den Eindruck der Probanden, nicht selbst Herr ihrer Lage zu sein, sondern lediglich Spielball und Opfer größerer Komplotte. Die Folge dieses vergrößerten Ohnmachtsgefühls: Skepsis bezüglich eigentlich sinnvoller Impfungen, größere Ablehnung einer bitter nötigen klimabewussten Lebensweise bzw. geistiger Rückzug aus einem demokratischen System, das doch gerade von der Teilhabe seiner Bürger lebt.

Kurz: Verschwörungstheorien *wirken*. Sie verändern die Gedankenwelt von Menschen und somit auch das, was diese Menschen aufgrund ihrer Gedankenwelt zu tun oder zu lassen beabsichtigen.

Das Sündenbockproblem

Unwahrheiten wirken also. In Zeiten geradezu ansteckender, viraler Verschwörungstheorien, medialer Glaubwürdigkeitskrisen und »Fake News« schreiender Präsidenten ist dies eine nichttriviale Einsicht. Wir müssen genau hinschauen, welche Konsequenzen antifaktisches Denken hat. Was es mit uns macht. Denn es macht offenbar nicht nur etwas mit uns; es verändert auch die Art und Weise, wie wir miteinander umgehen.

Faktenfeindlichkeit macht zudem eines zuverlässig und regelmäßig: Es macht Unschuldige zu Opfern. Verschwörungstheorien kommen nämlich in der Regel nicht ohne Sündenböcke aus. Der »Klassiker« unter den Sündenböcken sind: die Juden. Antisemitische Verschwörungstheorien, welche wohl zu den ältesten Verschwörungstheorien überhaupt gehören, machen Juden seit Jahrhunderten verantwortlich für imaginierte Verbrechen und Ungerechtigkeiten jeglicher Form. Es versteht sich von selbst, dass solche Verschwörungstheorien geistige Wegbereiter für Pogrome waren und in die industrielle Vernichtung der jüdischen Bevölkerung Europas – die Shoa – mündeten.

Sündenböcke, das sind Menschen und Menschengruppen, denen man die Schuld für etwas in die Schuhe schiebt. (Der Begriff »Sündenbock« ist biblischen Ursprungs; er bezeichnet den Bock, dem symbolisch die Sünden des Volkes Israel übertragen wurden, bevor man ihn zur Versöhnung zwischen Gott und Mensch – und auch diese Bibelstelle lebt sprichwörtlich weiter – in die Wüste schickte.) »In die Schuhe schieben« bedeutet: Sündenböcke sind in Wahrheit unschuldig. Haben nichts damit zu tun oder zumindest nicht in der Weise, die man ihnen unterstellt. Wie gesagt: Sie sind Opfer.

Wieso sind Verschwörungstheorien Erklärungsmodelle, die von der Existenz eines Sündenbocks abhängen?
Die Antwort ist einfach.

Die Verschwörer sind logischerweise schuld »an allem«. Also: Die Lügenpresse, die Wissenschaftler, die Regierung, die Juden. Wer auch immer. Immer ist der Mechanismus gleich: Die Akteure der Verschwörung sind aus Sicht des Verschwörungstheoretikers die Verantwortlichen, und somit auch diejenigen, die man zur Rechenschaft ziehen muss.

Ohne Täter gibt es ja keine Tat.

»Es gibt eine Verschwörung, aber wir wissen nicht, wer sich verschwört und wogegen und was die wirklich wollen oder tun« – eine solche Theorie wäre keine erfolgversprechende Verschwörungstheorie, wäre ein absoluter Grenzfall. Selbst wilde, substanzlose Hirngespinste haben Mindestanforderungen. Deshalb benötigt eine Verschwörungstheorie Sündenböcke, und zwar als eines ihrer strukturellen Elemente.

Blöd nur, wenn die Erklärung »X hat Y getan und ist insofern verantwortlich für Y« absoluter Quatsch ist, weil X die Tat Y *gar nicht getan hat, gar nicht getan haben kann*. Ein Beispiel: Wenn die Juden so allmächtig sind und die Weltherrschaft an sich gerissen haben: Warum können sie dann überhaupt verfolgt werden? Das wäre doch für die Verfolger außerordentlich gefährlich!

Verschwörungstheoretiker gründen ihr Denken nicht auf Fakten, Nachweisen und logischen Zusammenhängen (kurz: auf der Wahrheit), sondern vor allem auf faktenfremder, sogar faktenresistenter Spekulation. Faktenfremder oder faktenresistenter Spekulation, hinter der ein Weltbild des Getäuschtwerdens steht. Und das bedeutet nicht selten: eine politische Gesinnung.

Von außen, also aus Sichtweise des Nicht-Verschwörungstheoretikers betrachtet, sind die »Sündenböcke« deswegen Opfer. In Wahrheit sind sie Unschuldige, denen man zu Unrecht böse Absichten, Täuschung und Manipulation ankreidet. So wird Merkel zur Hassfigur der Anhänger der Umvolkungsverschwörungstheoretiker. Weil sie aus ihrer Perspektive diejenige ist, die eine angeblich geplante und gesteuerte Migration von Menschen allein zu verantworten hat.

Nüchtern betrachtet ist das völliger Unsinn. Da es keinen verschwörerisch geplanten Bevölkerungsaustausch gibt, kann Merkel auch nicht daran schuld sein. Sie wird im Rahmen einer solchen Pseudo-Erklärung zum Sündenbock für Probleme, die es vielleicht wirklich gibt (Wohnungsnot usw.), welche sie aber nicht zu verantworten hat. Jedenfalls auf keinen Fall allein oder absichtlich.

Es ist leicht nachzuvollziehen, dass ein strukturelles Sünden-bockdenken auf gesellschaftlicher Ebene zu Spannungen führen muss. Wenn man sich keine sonderliche Mühe bei der Zuschreibung von Verantwortung einer Handlung macht, sondern auf seinen nächstunliebsamen Gegner zeigt und sagt »Die da waren's«. Das ist leicht gedacht und noch schneller getan. Und es bringt wahrscheinlich Wählerstimmen, Stimmen von denen, die einfache Erklärungen mit klar identifizierbaren Verantwortlichen lieben.

Verschwörungstheorien und (Un-)Wahrheit als Bestandteil des politischen Populismus

Eine bestimmte politische Richtung neigt besonders dazu, es weder mit der Wahrheit genau zu nehmen noch vor Verschwörungstheorien zurückzuschrecken. Populisten arbeiten weltweit Unwahrheiten und Verschwörungsdenken aktiv in ihre Erzählungen ein. Das gilt für Trump gleichermaßen wie für die AfD. (Nebenbei bemerkt: Donald Trump begann sein politisches Handeln mit Verschwörungstheorien zu Barack Obamas Geburtsurkunde auf Twitter; die sogenannten Birther sprachen Obama jede Legitimität als Präsident ab, weil er gar nicht in US-Amerika geboren sei; selbst eine Veröffentlichung seiner Geburtsurkunde, die ganz klar Hawaii als Geburtsort ausweist, ließ die Birther nicht verstummen, da es ihnen, wie auch Trump, ja gar *nicht um Fakten geht*). Es mit der Wahrheit nicht genau zu nehmen, ist strategischer Bestandteil dieses Erfolgsmodells. Ihr Markenzeichen, sozusagen.

Während des Wahlkampfes 2016, vor seiner Wahl zum US-Präsidenten, gab Donald Trump ein Mantra besonders häufig kund. »The elections are rigged.« Die Wahlen seien manipuliert. Teil seiner vermeintlich antielitären Argumentation war die Behauptung, als Underdog in einem korrupten System anzutreten, weswegen er, so wurde angedeutet, schlechte Karten habe (als Multimilliardär).[8] Manipulation heißt natürlich: nicht zu meinen Gunsten manipuliert, sondern zugunsten meiner Feinde. Erinnern wir uns kurz an die grundlegenden Merkmale einer Verschwörungstheorie: Mächtige Hintermänner mit *bösen* Absichten manipulieren etwas insgeheim (und täuschen diesbezüglich). Mit Manipulationsrhetorik hat Trump, ganz in Einklang mit traditionell konspirativer Sündenbocksuche, auf eine Erzählung hingearbeitet, die die Schuld für die Wahlniederlage beim politischen Gegner und dem korrupten System verortet.

Dann die Überraschung: Trump gewann die Wahl.

Nach der Wahl war von seiner »Die Wahl ist manipuliert«-Verschwörungstheorie aber nicht mehr viel zu hören. Wie auch? Seine beiden einzigen Alternativen wären gewesen:

1) Die Wahl war doch nicht manipuliert (ich lag falsch).
2) Die Wahl war manipuliert (aber zu meinen Gunsten).

Beides keine sonderlich attraktiven Möglichkeiten. Deswegen wurde die Wahlmanipulationsverschwörungstheorie einfach unter den Tisch fallen gelassen. Und nun kommt das Allerverblüffendste: Das hat niemanden gestört.

Dem zugrunde liegt eine Haltung, die eng mit der Suche nach Sündenböcken in Verschwörungstheorien zusammenhängt. Was die Wahrheit über den eigenen Erfolg oder Miss-erfolg angeht, so verfolgen Populisten häufiger als andere Politiker die Maxime: »Scheitere ich, liegt es an anderen – siege ich, liegt es allein an mir.« Die Politikwissenschaftler Dirk Jörke und Veith Selk sehen beim Populismus

> »die Neigung, andauernd nach ›den Schuldigen‹ für ökonomische, soziale und politische Probleme Ausschau zu halten und die Ursachen für diese Probleme in vermeintlich niederträchtigen Personen und Personengruppen zu suchen, die hinter den Kulissen des offiziellen Betriebs die Fäden zögen«.[9]

Die Autoren betonen in diesem Kontext, dass der Populismus diese Denkweise mit dem Faschismus teilt. Auch der Faschismus knöpft sich Sündenböcke vor, die mit dem tatsächlichen Geschehen herzlich wenig zu tun haben. Populismus und Faschismus benötigen beide Feindbilder aus Identitätsgründen. Sag mir, wen du hasst – und ich sag dir, wer du bist.

Dazu neigt auch Trump. Um eine mögliche Niederlage abzufedern, kam schon während des Wahlkampfes der unbewiesene Verweis auf manipulierte Wahlen. Während seiner Präsidentschaft riss dieses konspirative Denken nicht ab. Im Gegenteil: »Deep State«, die Demokraten, die alles Gute vereitelten wie eine Bande dubioser Hollywood-Bösewichter, vor allem aber die Lügenpresse (»Fake News Media«), die die Wahrheit andauernd nur verdreht; immer wieder nutzte Trump die Möglichkeit, auf eine konkrete oder abstrakte Verschwörergruppe hinzuweisen, die angeblich im Hintergrund auf seinen Misserfolg hinarbeite.[10] Er erklärt sich regelmäßig selbst zum Unschuldigen, indem er Schein-Schuldige benennt. Im Erfolgsfall hat er seine Vorhaben dann trotz Vereitelungsversuchen seitens irgendwelcher Verschwörer vollbracht. Bravo! Meistens werden die zuvor genannten Sündenböcke jedoch im Nachhinein nicht mehr genannt (sonderlich mächtig scheinen sie ja auch nicht gewesen zu sein) und stattdessen die eigene Stärke und Durchsetzungskraft gepriesen. Sollte es zu einem Misserfolg kommen, kann Trump ja immer noch auf das »Meine Gegner sind schuld«-Narrativ zurückgreifen, das er zuvor etabliert hatte. »Scheitere ich, liegt es an anderen – siege ich, liegt es allein an mir.«

Nach der Wahl hieß es übrigens von Trump, »The Russian Witch Hunt is rigged« – also die Untersuchung von Sonderermittler Robert Mueller über den Einfluss Russlands sei auch manipuliert.[11] »Rigged« ist für Trump anscheinend grundsätzlich all das, was ihm nicht passt. Im August 2018 erklärte er sogar Google für »rigged«: Die Suchergebnisse würden zu seinen Ungunsten manipuliert, Google zeige nur negative Presse zu seiner Person an, so Trump.[12]

Man kann die Relevanz und gleichzeitig die eigentlich skandalöse Funktion des Manipulationsvorwurfs kaum überbetonen: Läuft alles wie vorgesehen, ging *alles* mit rechten Dingen zu. Gibt es Komplikationen oder Niederlagen, ging *nichts* mit rechten Dingen zu.

Konspirative Theorien bieten also eine Möglichkeit der Externalisierung der Schuldfrage. »X ist manipuliert (von Verschwörern)« wird so gleichzeitig zu einer allgemeinen *Delegitimierungstechnik*. Populisten wie Trump verkörpern ihr eigenes Schwarz-Weiß-Denken bis zur Perfektion: »Stößt mein Handeln auf Protest, Untersuchung und Opposition, ist das immer das Werk von Verschwörern, sonst wären sie ja nicht gegen mich.« Leicht zu durchschauen.

Wenn man es denn durchschauen will. In Deutschland ist es die AfD, die mehr als jede andere Partei nicht nur von Halb- und Unwahrheiten lebt, sondern auch Verschwörungsdenken in der Kommunikation mit ihren Wählern aktiv fördert und etabliert. Ihr Steckenpferd ist die mit der Islamisierungs-Verschwörungstheorie verwandte Umvolkungsthese, d. h. die alarmistische Warnung vor einem imaginierten »Bevölkerungsaustausch«. Schon der Begriff selbst ist mehr als unklar, denn eigentlich müssten viele »Austausch-Gegner« das Land bereits verlassen haben. Für einen neuen Bürger, der dazukommt, müsste einer das Land verlassen. Sonst ist es kein (Aus-)Tausch. Zu meiner persönlichen Enttäuschung bleiben die Austausch-Verschwörungstheoretiker jedoch alle hier.

Was ist davon zu halten? Eine Spinnerei, die man vernachlässigen kann?

Von wegen.

Diese zentrale Erzählung der Neuen Rechten hat gemeinsam mit der AfD Einzug ins deutsche Parlament gefunden, wo schon mehrere Abgeordnete auf der großen Bühne von besagtem »Großen Austausch« sprachen. Auch auf AfD-Parteitagen ist diese wirklichkeitsfremde Behauptung fester Bestandteil des immer weiter zu pflegenden Weltbildes. Islamisierung und Austausch sind Kernthesen der AfD.

Und Trumps Vorwürfe an Google? Könnte da doch etwas dran sein? Oder anders gefragt: Wer entscheidet überhaupt darüber, was wir im Internet sehen und was uns verborgen bleibt?

Widmen wir uns der Verschwörung der Maschinen.

Ehrendoktor von der YouTube-Universität.
Algorithmen und ihre Gefahren

Algorithmen entscheiden, was uns bei der Google-Suche als Erstes angezeigt wird. Algorithmen sind es, die unseren Facebook-Feed ordnen und uns so den Eindruck vermitteln, unsere Freunde und die Seiten, die wir liken, hätten genau in ebendieser Reihenfolge publiziert. Algorithmen sind es, die uns am Ende eines YouTube-Videos per automatischer Abspielfunktion zum nächsten Video geleiten.

Leider sind es auch Algorithmen, die uns eine Unwahrheit nach der nächsten präsentieren. Die geheimnisvollen Codes hinter Plattformen wie Google, Facebook und YouTube haben nämlich viele Vorteile. Ein klarer Nachteil besteht darin, dass sie nicht zwischen »wahr« und »unwahr«, nicht zwischen Propaganda und Nachrichten, nicht zwischen Meinung und Verschwörungstheorie unterscheiden können. Die gute Nachricht: Das können wir Menschen mitunter ganz gut selber. Die schlechte Nachricht: Was uns jedoch letztendlich vorgesetzt wird, entscheiden wir nur bedingt.

Die Restaurant-Metapher

Internetplattformen sind wie mein Lieblings-Sushi-Restaurant. Ich war schon oft da, habe schon dies und das gegessen. Grundsätzlich schmeckt es mir dort (sonst würde ich nicht wiederkommen). Allerdings gibt es in diesem Restaurant keine menschlichen Kellner. Es gibt ein Sushi-Förderband. Das Restaurant serviert mir immer neue Gerichte auf Grundlage der Gerichte, die ich zu einem früheren Zeitpunkt vom Förderband genommen habe. Das Problem: Auch wenn es mir in der Regel schmeckt – in der Küche arbeiten nicht nur ausgebildete Köche. Es gibt kaum Qualitätskontrolle. So ziemlich jeder kann im Hinterzimmer Essen auf das Förderband stellen, sei es schlecht gekochtes, abgelaufenes oder gar giftiges Essen. In dem Falle gilt: Pech gehabt.
So ähnlich funktionieren Google, YouTube und Facebook. Ihre Algorithmen bedienen mich maschinell – und mit wenig Kontrolle über die Quelle. Man serviert mir einfach immer weiter irgendwie ähnliche Inhalte in der Hoffnung, dass ich möglichst lange Gast bleibe.

Der Informatiker Guillaume Chaslot hat als Programmierer internen Einblick in den YouTube-Algorithmus gehabt. Wie bei jedem Algorithmus kann man erkennen, wie er im Prinzip arbeitet – wie er jedoch zu einer bestimmten Entscheidung genau gekommen ist, bleibt eine Blackbox, ein Siegel mit sieben Siegeln. Niemand kann das wissen. Chaslot hat darüber hinaus ein Programm geschrieben, das sich mit dem YouTube-Weiterleitungsalgorithmus beschäftigt. Seine Software simuliert das normale Nutzerverhalten, also das Durchsehen eines Videos, bis man schließlich per Autoplay-Funktion zum nächsten »verwandten« Video weitergeleitet wird. Und zum übernächsten. Und zum überübernächsten. Immer so weiter. Die Verwandtschaftsbeziehungen entscheidet der interne YouTube-Algorithmus. Chaslot untersuchte ebendiesen Algorithmus seines Ex-Arbeitgebers kritisch, indem er seine Software eine riesige Menge an Videos »durchschauen« ließ und auswertete, wohin die Weiterleitungsreise für den Nutzer geht.

Das Resultat?

Der Weiterleitungsalgorithmus von YouTube entwickelt eine Sogwirkung. Er nimmt den Nutzer quasi maschinell an die Hand und führt ihn nicht selten immer tiefer in die Abgründe unwahrer, hasserfüllter oder verschwörungstheoretischer Inhalte. So können Videos über den Zweiten Weltkrieg, das Dritte Reich und die Shoa, d. h. den systematischen Massenmord an Juden, allmählich zu Videos leiten, welche die »offizielle Geschichte« der Judenvernichtung anzweifeln, bis hin zu Videos, die die Judenvernichtung implizit oder gar explizit leugnen. Videos über Amokläufe an der Sandy Hook Elementary School oder Beiträge über Terroranschläge wie den auf den Berliner Breitscheidplatz leiten allmählich über zu Videos, die dem Wahrheitsgehalt der konventionellen Medienberichterstattung widersprechen; einige Beiträge sind zunächst seriös, bevor der Algorithmus immer mehr Verschwörungstheorien präsentiert, z. B. dass diese Anschläge gar nicht stattgefunden hätten; besonders beliebt sind dabei die im Echtheitskapitel besprochenen Krisenschauspielertheorien. Auf Chaslots Website algotransparency.org erhält man einen guten Eindruck, was You-Tube seinen Nutzern zu welchen Gebieten besonders häufig empfiehlt. Ziemlich besorgniserregendes Zeug. Man könnte fast an eine Verschwörung glauben.[13]

YouTube hat das Problem erkannt.[14] Trotzdem bleibt das Autoplay-Algorithmusproblem ein Problem, solange YouTube als Plattform nicht strenger das kontrolliert, was seine Nutzer hochladen. Die künstliche Intelligenz, die von Video zu Video leitet, kennt jedenfalls nur ein Ziel: Der Nutzer soll konsumieren. Nicht abschalten. Möglichst lange verweilen. Falls die Wahrheit, d. h. eine nachvollziehbare und angemessene Beschreibung der Realität, dabei der Propaganda, dem Hass oder Verschwörungstheorien zum Opfer fällt, ist das zweitrangig. Um in der Restaurant-Metapher zu sprechen: Hauptsache, Sie bleiben am Sushi-Förderband sitzen und essen; ob das Essen für Sie gesund ist oder Sie eine massive Lebensmittelvergiftung erleiden, ist für den Betreiber Nebensache.

Ist das ein gesellschaftliches Problem? Immerhin sind die meisten von uns erwachsene Bürger und können selber entscheiden, was sie konsumieren. Oder?

Das stimmt nur teilweise. Algorithmenprobleme sind insofern Gesellschaftsprobleme, als diese Plattformen unsere soziale Wirklichkeit maßgeblich formen. Besonders deutlich wird dies im Bereich der politischen Wahlen.

Zur Zeit der US-Präsidentschaftswahl 2016 wurden Videos, in denen Donald Trump gelobt und Verschwörungstheorien über Hillary Clinton verbreitet wurden, besonders häufig auf YouTube angeklickt. Und das, was populär ist, macht der Algorithmus noch populärer. Wie wir gesehen haben, haben Verschwörungstheorien eine konkrete Wirkung auf die Absichten ihrer Konsumenten, wenn man diese per Vorher-nachher-Vergleich gegenüberstellt.

Man muss also davon ausgehen, dass die auf Verweildauer ausgelegte Plattform YouTube einen größeren Einfluss auf poli-

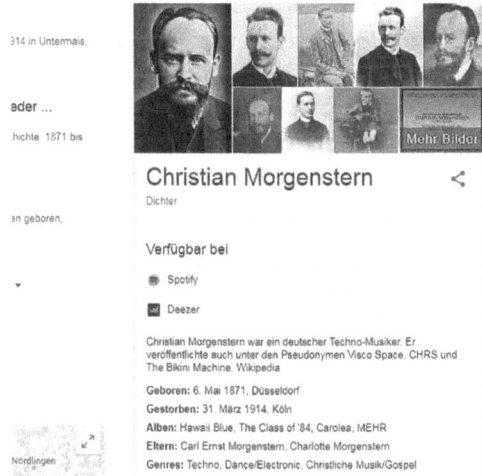

Christian Morgenstern <

Dichter

Verfügbar bei

🟢 Spotify

◾ Deezer

Christian Morgenstern war ein deutscher Techno-Musiker. Er veröffentlichte auch unter den Pseudonymen Visco Space, CHRS und The Bikini Machine. Wikipedia

Geboren: 6. Mai 1871, Düsseldorf
Gestorben: 31. März 1914, Köln
Alben: Hawaii Blue, The Class of '84, Carolea, MEHR
Eltern: Carl Ernst Morgenstern, Charlotte Morgenstern
Genres: Techno, Dance/Electronic, Christliche Musik/Gospel

Künstliche Intelligenz. Mitunter mehr künstlich als intelligent.

tische Wahlergebnisse hat, als bisher erforscht wurde. Mehr noch: einen noch größeren Einfluss, als wir erforschen können.

Denn Algorithmen sind Firmen-Privatsache. Wie sie genau agieren? Betriebsgeheimnis. Google, Facebook und YouTube wollen sich verständlicherweise nicht in die Karten gucken lassen. Wir Kunden dürfen zwar essen, was serviert wird; in die Küche schauen dürfen wir aber unter keinen Umständen. Das darf außer ausgewählten Mitarbeitern niemand. Auch kein Ordnungsamt.

Man könnte es auch andersherum sehen. Wir sind keine mündigen Bürger, sondern: Wenn es dich nichts kostet, bist du das Produkt.

Das gesellschaftliche Problem der künstlichen Intelligenz der Sortierungsalgorithmen solcher Publikumsplattformen besteht genau in dieser Brisanz. Für viele von uns sind YouTube, Facebook und Co zur digitalen Heimat geworden. Sie sind, zumindest gefühlt, wie Wohnzimmer mit Fenstern in die Onlinewelt. Sie sind neutral. Höchstens theoretisch sind wir uns bewusst, dass die Plattformen aktiv regulieren, welchen Ausschnitt der Wirklichkeit wir präsentiert bekommen. Welche Beschreibung der Wirklichkeit uns als die dominante angezeigt wird. Man kann sagen: Die algorithmische Realität ist die gefühlte Realität.

Und das zeigt sich, auch wenn es Entwicklungen gibt: Anfang 2018 schraubte Facebook die Reichweite der Seiten, die man liken kann, sei es privat oder gewerblich, radikal zurück zugunsten der Reichweite privater Personen-Accounts. Plötzlich bekam man weniger Inhalte von Nachrichten-, Sport- oder Comedyseiten angezeigt und viel mehr Content der eigenen Facebook-Freunde. Woran wir uns mittlerweile wieder gewöhnt haben (man gewöhnt sich schließlich auch an den Blick durch ein Fenster in einer neuen Wohnung), war zu dem Zeitpunkt ein ziemlicher Einschnitt; eine Neujustierung unserer Sehgewohnheiten und nicht zuletzt ein mittleres Desaster für alle Seiten, die finanziell von ihren Besuchern abhängig sind.

Zusammenfassend können wir sagen: Das Algorithmusproblem ist immer ein gesellschaftliches Wahrheitsproblem. Es darf deshalb nicht den Betreibern allein überlassen werden, sondern muss Gegenstand einer öffentlichen Auseinandersetzung werden. Wenn Onlinedienste einer antifaktischen Weltsicht Vorschub leisten, die schlimmstenfalls demokratische Grundprinzipien angreift, gilt es, dies kritisch zu hinterfragen. Die schlechte Küche im Restaurant wird nicht besser, indem man sie ignoriert, sondern indem man sich beschwert.

Das Recht, zu glauben, was du willst (hast du nicht)

»Ich habe – verdammt nochmal! – das Recht, zu glauben, was auch immer ich will!« So reagieren nicht wenige Menschen, wenn man ihre Überzeugungen kritisiert. Unabhängig davon, wie sinnig oder unsinnig ihre Gedanken so sind. Das führt geradewegs zur Frage: Stimmt das? Haben wir als Individuen in einer Gesellschaft das Recht, alles zu glauben, was wir wollen?

Der Sprecher will offenbar Folgendes sagen:

> »Was ich denke, ist allein *meine* Sache. Wenn ich glauben will, dass die Amerikaner nie auf dem Mond waren; wenn ich glauben will, dass Migration in Wahrheit ein geheimer Bevölkerungsaustausch ist; wenn ich glauben will, dass der Klimawandel eine große, böswillige Lüge ist – dann lass mich bitte. Und überhaupt: Wer will mich daran hindern?«

Zumindest der letzte Punkt stimmt.

Hindern kann man andere Menschen tatsächlich nicht an unwahren, verschwörungstheoretischen oder sonst wie wunderlichen Überzeugungen. Jeder kann grundsätzlich denken, was er oder sie will. Das ist Teil der persönlichen Autonomie: »Die Gedanken sind frei!« Selbst abstrusestes Zeug kann gedacht werden. So finden sich vor allem im Internet Menschen, die allen Ernstes glauben, Angela Merkel sei Adolf Hitlers Tochter. Befremdlich beliebt ist heutzutage die Vorstellung, die Welt sei in Wahrheit gar nicht rund, sondern flach (*flat earth theory*). Mancher Wirrkopf hält gar ganz Australien für ausgedacht. Es gibt tatsächlich eine »Australien gibt's in Wahrheit nicht«-Verschwörungstheorie. Sie besagt, die Aussage,

Australien gebe es wirklich, sei nur eine Schutzbehauptung der Briten, die ihre Strafgefangenen in Wahrheit niemals nach Australien gebracht, sondern lieber unauffällig beiseitegeschafft bzw. getötet hätten. Vermutlich ist diese Verschwörungstheorie nicht ganz ernst gemeint. Sie steht dennoch in direkter Tradition anderer Verschwörungstheorien über Un-Orte. Die bekannteste ist die Bielefeld-Verschwörung. (Waren Sie schon mal in Bielefeld? In Australien? Beides nicht? Ha! Sehen Sie!)

Dass wir grundsätzlich denken können, was wir wollen, bedeutet allerdings nicht, dass wir ein *philosophisches* bzw. ein *moralisches Recht* dazu haben, es zu tun. Wahrheit kann, wie wir gesehen haben, verstanden werden als eine Beziehung zwischen einem Satz und der außersprachlichen Wirklichkeit, die er beschreibt. »Angela Merkel ist Adolf Hitlers Tochter« ist genau dann wahr, d. h. ein wahrer Satz, wenn wir in einer Welt leben, in der Angela Merkel wirklich Hitlers Tochter ist. Der Satz »Im Kühlschrank ist Bier« ist genau dann wahr, wenn im Kühlschrank Bier ist.

Ebenfalls gesehen haben wir, dass unsere geistigen Inhalte nicht auf einer abstrakten Bewusstseinsebene bleiben. Was wir für wahr halten bzw. woran wir glauben – kurz: unsere Gedanken – bilden die Grundlage unserer Handlungen.

Wenn wir also schon nicht glauben wollen, dass wir gewissermaßen einer guten Weltbeschreibung verpflichtet sind, wir also auch den größten Quatsch glauben können, so findet sich spätestens auf der Handlungsebene eine Einschränkung, die darauf hindeutet, dass wir kein Recht haben können, ein beliebiges XY zu glauben: Wir sollten dies nicht tun, weil es anderen schaden könnte. Wenn meine Überzeugungen, Angela Merkel sei Hitlers Tochter oder Australien sei eine Erfindung, dazu führen, dass ich Angela Merkel angreife oder den Machern von Australien-Dokumentationen wütende Drohbriefe schicke, dann endet meine persönliche Freiheit spätestens dort, wo ich diese Überzeugungen als Grundlage dafür nehme, handelnd auf andere einzuwirken, in diesem Fall: anderen zu schaden. Es gibt gefährliche Überzeugungen. Der Philosoph Daniel DeNicola drückt es wie folgt aus:

> »Überzeugungen bestimmen Einstellungen und Motive, führen zu Entscheidungen und Handlungen. Glauben und Wissen entstehen innerhalb einer epistemischen Gemeinschaft, die zugleich die Folgen [beider] zu tragen hat. [...] Wenn manche Überzeugungen falsch sind, moralisch verwerflich, unverantwortlich, so sind manche Überzeugungen auch gefährlich. Und auf diese haben wir kein Recht.«[15]

Grundsätzlich dürfen wir also denken, was wir wollen.

Weil unsere Gedanken und unsere Beschreibungen der Welt allerdings grundsätzlich handlungsleitend sind, hört unser Recht, zu glauben, was wir wollen, spätestens dort auf, wo es zur Gefahr für andere wird. Denken wir an Reichsbürger, die Polizisten attackieren, weil sie – in ihrer Überzeugungswelt – vermeintlich fremdes Staatsgebiet betreten. Ende 2017 wurde der Reichsbürger Wolfgang P. zu lebenslanger Haft verurteilt, da er elfmal auf Mitglieder eines polizeilichen Sondereinsatzkommandos (SEK) geschossen hatte, das versucht hatte, ihn zu entwaffnen. Ein SEK-Beamter starb. Bereits 2016 kam es zu einer Schießerei zwischen dem Reichsbürger Adrian U. und einem SEK-Mitglied. Der ehemalige »Mister Germany« sitzt seitdem in Haft.

Die Gedanken sind also frei. Du hast allerdings kein (absolutes) Recht, zu glauben, was du willst. Ein Voltaire zugeschriebenes Zitat besagt:

> »Wer dich veranlassen kann, Absurditäten zu glauben, der kann dich auch veranlassen, Gräueltaten zu begehen.«

Oder wie es der Philosoph Walter Benjamin augenzwinkernd-launig mit einem (vermutlich erfundenen) chinesischen Sprich-wort ausdrückte:

> »Jeder kann seine eigene Meinung haben, aber manche ver-dient Prügel.«[16]

Anti-Intellektualität (als Problem)

Beim Nachdenken über Wahrheit, Unwahrheit und Verschwö-rungstheorien kommt man nicht um den Eindruck herum, dass anti-intellektuelle Denkweisen in letzter Zeit an Zulauf gewin-nen. Es ist nicht nur so, dass z. B. juristische Laien der BRD ihre Legitimität als Staat absprechen und ihre eigenen vier Wände zum persönlichen Hoheitsgebiet (v)erklären. Nein, es kommt noch dicker: Die Reichsbürger von heute lassen sich von ech-ten – d. h. ausgebildeten – Juristen rein gar nichts erzählen, was den Status von Staat, (Un-)Abhängigkeit und Grundgesetz an-geht. Gleiches gilt für Anhänger der Homöopathie und der »al-ternativen Medizin«, von denen sich viele aggressiv bis verächt-lich gegen die »Schulmedizin« wenden, in der Regel ohne den Vorlesungssaal einer medizinischen Fakultät auch nur einmal von innen gesehen zu haben. Das im Internet Gelesene, das auf YouTube Gesehene wiegt Reichsbürgern wie Medizin-Esote-rikern im Zweifel schwerer als jede Aufklärung und jeder Wi-derspruch seitens der Experten.

Reichsbürger und Hobbymediziner sind keineswegs die ein-zigen waschechten Ignoranten. Man hat den Eindruck: Immer mehr Laien verfallen in eine anti-intellektuelle Selbstherrlich-keit. Heutzutage glaubt man nicht nur, was man will – man tut es auch noch laut und selbstbewusst und ohne Rücksicht auf Widerspruch von Experten.

Haben wir ein Expertenproblem?

Es scheint so.

Klimawandel-Leugner lassen sich nichts sagen von der riesigen Mehrheit der seriösen Forscher, die menschliches Handeln als gewichtigen Faktor für die Erderwärmung benennt. Impfgegner rümpfen die Nase über ärztlichen Rat (und Jahrzehnte der Forschung). Was Fachleute denken? Bedeutungslos. Die antifaktische Geisteshaltung ist fast immer eine anti-intellektuelle Geisteshaltung. Wo Fakten nichts gelten, sind Experten nichts wert.

André Poggenburg ✔ @PoggenburgAndre · 7 Std.   ⌄
Laut Uni Leipzig hätte die „Ausländerfeindlichkeit" enorm zugenommen -
Blödsinn! Zu solch Erkenntnissen kommt man, wenn man Kritik an illegaler
Masseneinwanderung mit Ausländerfeindlichkeit gleichsetzt. Linke Scharlatane
statt neutrale Wissenschaftler.
#AfD #Poggenburg

Schalten Sie morgen wieder ein für eine weitere Folge von »André weiß es besser«.

Zwar gab es immer Teile der Gesellschaft, die nicht viel hielten von Bücherwürmern, Wissenschaftlern, Denkern. Doch dass man heutzutage nach Jahrzehnten der Bildungsexpansion so offen gegen Experten und Wissenschaftler hetzen kann, verwundert doch ein wenig.

Diese Entwicklung hat etwas mit den aktuellen gesellschaftlichen Veränderungen zu tun. Mit dem wachsenden Populismus, den Unzufriedenheiten mit der Demokratie. Mit dem oft erschreckenden Desinteresse der Mehrheit der Parlamentarier an Bildung und Wissenschaft. Der Populismus ist der perfekte Nährboden für anti-intellektuelle Haltungen, mit seinem Elitenhass, seinem Schwarz-Weiß-Denken und seiner Intoleranz gegenüber komplexen Lösungen. Er befördert antifaktisches Denken. Und die Sehnsucht nach einfachen Antworten wiegelt die Anhänger populistischer Parteien gegen jene auf, die sagen: Es gibt keine einfachen Antworten, keine simplen Wahrheiten und keine schnellen Lösungen, es kann sie gar nicht geben. Und das sind nun mal, seien wir ehrlich, etwa 98 % aller Wissenschaftler. Ich inklusive.

Ein Twitter-Nutzer sah sich angesichts menschlicher Widersprüche zu dieser ironischen Bemerkung verleitet:[17]

 **fuchsbrom**
@formschub

 Folge ich ⌄

Schon toll, dass man heutzutage auf einem handtellergroßen Mini-Hochleistungscomputer mit nanobeschichtetem Glas, Touchscreen und Lithium-Ionen-Akku ins Internet schreiben kann, dass man nicht an Wissenschaft glaubt.

00:28 - 15. Feb. 2018

3.589 Retweets **9.823** „Gefällt mir"-Angaben

💬 65   🔁 3,6 Tsd.   ♡ 9,8 Tsd.   ✉

So sieht es nämlich aus. Das Leben in einer technisierten, allgemein von den Früchten des Intellekts übervoll ausgestatteten Welt ist für manche Menschen offenbar kein Grund, die Richtigkeit und Wichtigkeit von Expertenleistungen angemessen zu würdigen, obwohl doch genau diese Experten diese neue Welt erst möglich gemacht haben. Im Gegenteil: Je weiter sich die Gesellschaft auseinanderfaltet und diversifiziert, je weniger wir als Einzelne von den verschiedenen Bereichen verstehen, ja: verstehen können, desto mehr erscheinen viele Mitbürger animiert, den Geistesleistungen von Spezialisten ihre Legitimität abzusprechen und Expertenmeinungen als Elfenbeinturmgeschwafel zu diffamieren. Und die Verschwörungstheoretiker unter uns gehen wie erwähnt gleich einen Schritt weiter und beschuldigen jene, die ihrem Weltbild widersprechen, schnell der Lüge. Der Bundesverfassungsrichter Andreas Voßkuhle schreibt:

>Wir müssen uns fragen, warum bestimmte Eliten nicht mehr akzeptiert werden. Ein wichtiger Aspekt ist dabei sicherlich, dass die Spaltung zwischen Arm und Reich größer geworden ist. Vielleicht noch wichtiger ist der Umstand, dass zunehmend kein gesamtgesellschaftlicher Austausch mehr stattfindet, sondern sich einzelne abgeschottete Milieus herausbilden.«[18]

Dabei hat das Vertrauen in Fakten und in jene, die sie innerhalb ihrer Fachgebiete kennen, eine wichtige Funktion. Warum sollte ich überhaupt auf den Rat irgendeines Arztes hören, wenn ich der Meinung bin, sein Wissen, das er durch jahrelange Ausbildung erhalten hat, mit ein paar Klicks im Internet widerlegen zu können? Ohne das Vertrauen, dass mein Arzt es im Zweifel besser weiß, was mit meinem Körper los ist, als ich selber, d. h. ohne das nötige Vertrauen in seine faktische Fachkompetenz, ist mein Besuch bei ihm ohnehin relativ sinnlos.

Allgemeiner gesagt: Die Gesellschaft beruht auf einem Vertrauen-Müssen. Ohne einen Vertrauensvorschuss funktioniert eine komplexe menschliche Gemeinschaft wie die unsrige schlichtweg nicht.

Anti-Intellektualismus ist nun aber extrem schädlich, weil er dieses Vertrauen angreift. Experten haben nicht mehr und nicht weniger getan als gelernt, ihren Ausschnitt der Wirklichkeit überdurchschnittlich gut zu verstehen und diesen Bereich bestenfalls auch für andere verständlich zu machen. Sie kennen sich aus. Wer der Meinung ist, dass Intellektuelle und Experten lediglich abgehobene Spinner sind, wer diese Meinung verbreitet, der arbeitet aktiv daran, das Vertrauen abzubauen, das wir einfach aus *funktionalen Gründen* in einer demokratischen Gesellschaft brauchen. Erstens.

Zweitens beruht Anti-Intellektualismus auf dem fatalen Missverständnis, dass Nichtwissen so wertvoll sei wie Wissen. Der Schriftsteller Isaac Asimov schrieb schon vor Jahrzehnten:

> »Anti-Intellektualismus war stets ein konstantes Thema innerhalb unseres politischen und kulturellen Lebens, das seinen Ursprung in der falschen Vorstellung hat, ›mein Nicht-Wissen ist genauso gut wie dein Wissen‹.«[19]

Forscher finden selten absolute Wahrheiten heraus, aber was sie tun, mündet in der Regel in einer akkuraten Beschreibung der Welt. Der Wissenschaftsjournalist Jakob Simmank formuliert es zum Thema Impfungen wie folgt:

> »Wissenschaft ist immer nur Annäherung an die Wirklichkeit. Aber sie ist – gerade wenn es ums Impfen geht – eine verdammt gute Annäherung, die auf jahrzehntelanger Arbeit fußt. Das ist zu respektieren, nicht leichtfertig abzutun.«[20]

Dies gilt selbstverständlich nicht nur für die Immunologie, sondern für Wissenschaft allgemein. Gute Wissenschaft ist immer genau das: eine verdammt gute Annäherung an den tatsächlichen Zustand der Welt. Dem voraus gehen Jahre der akademischen Ausbildung und nicht selten Jahrzehnte wissenschaftlicher Praxis. Niemand wird »einfach so« zum Experten. Kein Meister fällt vom Himmel. Wer Intellektuelle geringschätzt, schätzt auch ihr Wissen gering. Mehr noch: Er stellt Nichtwissen und Wissen auf dieselbe Stufe. Das ist antifaktisches Denken in Reinform.

Darüber hinaus: Wer Fakten und Faktenträger bzw. ihre Sicht der Welt diskreditiert, der wendet sich nicht nur gegen diese

Fakten, der wendet sich gegen das Verstehen-Wollen an sich. Der wendet sich gegen den menschlichen Intellekt und sein Bestreben, die Wahrheit zu erkennen. Nach dem Motto: Ist doch sowieso alles egal. *Das* ist der eigentliche Skandal. Die eigentliche Gefahr.

Guter Zweifel, schlechter Zweifel

Wir sehen: Der menschliche Geist tut wunderliche Dinge. Er tut auch wunder*volle* Dinge. Immerhin sind wir in der Lage, uns unsere Umwelt gedanklich so gut zu erschließen, dass wir uns Tag für Tag in ihr zurechtfinden. Mal besser, mal schlechter. Im Fall von Verschwörungstheoretikern: immer und ausnahmslos schlechter.

Grundsätzlich ähnelt unser Verstand dabei einem Werkzeugkasten, den wir mehr oder weniger sinnvoll (bzw. erfolgreich) einsetzen. Ganz wie bei echten Werkzeugkästen kommt es dabei nicht nur auf das Problem an, vor das wir uns gestellt sehen. Es kommt mindestens genauso auf unsere Problembewältigungsstrategien an, die wir auf Grundlage unseres Könnens und Wissens zu seiner Lösung anwenden. Man muss eine Tür nicht eintreten, wenn man gelernt hat, ein Schloss zu knacken.

Verschwörungstheoretiker sind nun Menschen, die hartnäckig behaupten, jemand habe heimlich ihr Wohnungsschloss vertauscht, während sie in Wahrheit lediglich den Schlüssel verwechseln (oder versehentlich vor der falschen Haustür stehen). Anders ausgedrückt: Das Problem ist real, die Erklärung ist nicht hilfreich.

Auf den folgenden Seiten soll es deshalb darum gehen, wie wir unseren geistigen Werkzeugkasten möglichst sinnvoll im Sinne von Wahrheit und weiterbringender Erkenntnis einsetzen. Im Zentrum steht die Kunst des Zweifelns. Wahrheitsdienliches, gutes Zweifeln kann man nämlich lernen. Der schlechte Zweifel ist hingegen jener, der nicht Teil der Lösung, sondern Teil des Problems ist. Diese Form des Zweifels verwenden Verschwörungstheoretiker, ohne sich darüber im Klaren zu sein. Ich nenne diese Mentalität den »toxischen Zweifel«.

Der toxische Zweifel

Das Zweifeln hat zweifellos einen guten Ruf. Auch unter Nicht-Verschwörungstheoretikern. Zweifeln ist sinnverwandt mit »nicht alles zu glauben«, »kritisch zu denken«, »die eigene Vernunft einzusetzen«, »sich nichts vormachen zu lassen« usw. – das klingt nach dem Erbe der Aufklärung, nach Immanuel Kant und einem wünschenswerten Menschenbild, das im Gegensatz steht zum abergläubigen, obrigkeitshörigen Menschen vergangener Jahrhunderte. Aufklärung ist nach Kant

> »der Ausgang des Menschen aus seiner selbst verschuldeten Unmündigkeit. Unmündigkeit ist das Unvermögen, sich seines Verstandes ohne Leitung eines anderen zu bedienen. Selbstverschuldet ist diese Unmündigkeit, wenn die Ursache derselben nicht am Mangel des Verstandes, sondern der Entschließung und des Mutes liegt, sich seiner ohne Leitung eines anderen zu bedienen.«[1]

Kurz: Das klingt zwar in manchen Ohren dröge – aber nach Wahrheitsliebe. Dennoch ist nicht alles Gold, was glänzt, und selbst der Zweifel nicht über jeden Zweifel erhaben. Im Gegenteil: Es gibt ihn häufig, den schlechten, unproduktiven, wahrheitsfeindlichen Zweifel, bei dem man sich selbstgenügsam in seinen Vorurteilen suhlt und letztlich der richtigen Erkenntnis, der passenden Beschreibung der Wirklichkeit im Wege steht.

Um uns der Werkzeugkastenmetapher zu bedienen: Manchmal tun wir nur so, als würden wir fachmännisch handwerkern, frickeln jedoch nur irgendwie herum, ohne genau zu wissen, was da eigentlich zu tun wäre oder in welchem Zusammenhang (und merken das schlimmstenfalls nicht mal selber). Denken, das alles grundsätzlich in Frage stellt, ist nicht immer sinnvoll. Zweifeln hat keinen Selbstwert. Man muss es *richtig* machen. Der Philosoph Wittgenstein hat das treffend ausgedrückt:

Kognitionspsychologen verstehen unter dem sogenannten Bestätigungsfehler (*confirmation bias*) bzw. der Bestätigungsneigung die Tendenz des menschlichen Geistes, vor allem jene Fakten, Meinungen und Tatsachen wahrzunehmen, zu verarbeiten und zu erinnern, die unsere schon bestehende Meinung bestätigen. Anstatt uns dezidiert und explizit mit den Argumenten der Gegenseite zu beschäftigen, widmen wir uns lieber unseren eigenen (Vor-)Urteilen und hören besonders gerne jenen zu, die dieselben oder ähnliche Ansichten vertreten wie wir. Egal ob Cannabislegalisierung, Migration, Impfungen – oft suchen wir für eine bereits vorhandene Konklusion Bestätigung; dabei tut es schlichtweg gut, wenn ich jemanden »aus meinem Team« reden höre. Gesinnungsgenossenschaft geht über Inhalte.

Das hat auch einen Grund: Der Bestätigungsfehler ist eine Möglichkeit, eine kognitive Dissonanz zu vermeiden. Indem ich möglichst wenig Spannungsverhältnis zwischen Eigenmeinung und Fremdmeinung aufkommen lasse, kann ich in meiner intellektuellen Komfortzone bleiben.

Der Bestätigungsfehler stellt eine natürliche Funktion unseres Geistes dar. Neuere Forschung hat ergeben, dass unser Gehirn dann Dopamin ausschüttet, wenn wir unsere Meinung bestätigt bekommen – etwas vereinfacht gesagt findet unser Gehirn das Bestätigtwerden auf physiologischer Ebene ähnlich gut wie Schokolade, Drogen oder Sex.[2] Bei aller Natürlichkeit ist der Bestätigungsfehler als kognitive Verzerrung ein Merkmal einer toxischen, wahrheitsfeindlichen Mentalität; er hemmt das kritische Denken und ist somit eher Teil des Problems als Teil der Lösung. Auf der Suche nach einer wahren Beschreibung der Wirklichkeit müssen wir unsere Bestätigungsneigung im geistigen Auge behalten.

»Habe ich die Begründungen erschöpft, so bin ich auf dem harten Felsen angelangt, und mein Spaten biegt sich zurück.«[3] Oder kürzer: »Es gibt Rechtfertigung; aber die Rechtfertigung hat ein Ende.«[4] Das ist alles andere als eine Bankrotterklärung des Denkens, sondern seine sinnvolle Eingrenzung des Zweifels.

Im Verlauf dieses Buches haben wir diverse Facetten eines solchen ungesunden Zweifels und Misstrauens gesehen. Menschen, die an der Echtheit von schlichtweg allem zweifeln – wie der paranoide Truman. Menschen, die am Wahrheitsgehalt »der Medien« zweifeln – wie die Lügenpresse-Skandierer und die Falsche-Flagge-Verschwörungstheoretiker. Menschen, die an der Unbedenklichkeit von Rauchmeldern zweifeln – selbst dann, wenn man zugesteht, angebliche mögliche Nebenwirkungen zuvor frei erfunden und erlogen zu haben.

Was ist diesen Zweiflern gemein? Vereint sie etwas?

Ja.

Bei ihnen allen spielt der Zweifel (und das in diesem Falle nur vermeintlich kritische Denken) keine direkt *funktionale* Rolle. Sie sind nicht darum bemüht, mit ihrem Werkzeugkasten eine verschlossene Tür zu öffnen, sondern legen vor allem Wert darauf, so zu wirken, als würden sie besonders geschäftig mit ihrem Werkzeug hantieren. Produktiv zu *wirken*. Das Problem: Das gedankliche Handwerken, also der Zweifel, wird zum Selbstzweck, anstatt lediglich eine *Komponente oder ein Werkzeug des wahrheitsorientierten Denkens* zu sein. Das wäre aber seine eigentliche Funktion. Ein zielgerichtetes Denken-um-zu. Wie wir gesehen haben, sind Wissen, Denken und theoretische Orientierung vor allem dann sinnvoll und hilfreich, wenn sie am Ende eine *praktische* Funktion erfüllen und zum weltlichen Handeln führen (das gilt selbst für Grundlagenforschung).

Dass der Zweifel zum Selbstzweck wird, anstatt sich der Wahrheit suchenden Erkenntnis unterzuordnen, ist typisch für das konspirative Denken. An die Stelle eines Denkens und

Zweifelns, das zielgerichtet von A nach B führt, tritt ein Denken im Hamsterrad – ohne eigentliches Ziel.

Ich will in diesem Kontext deshalb von einem giftigen, *toxischen Zweifel* sprechen, weil diesen Zweifel auszeichnet, dass er Denken und Handeln eher hemmt und unmöglich macht, geradezu vergiftet, als dass er beides im Sinne einer angemessenen Weltbeschreibung beflügelt. Angemessen, das heißt in diesem Kontext auch: angemessen einer Weltbeschreibung, auf deren Grundlage man handeln kann.

Der toxische Zweifel, der ein Teil des konspirativen Denkens ist, hat bestimmte Merkmale. Der toxische Zweifel ist oft

- antifaktisch,
- abstrakt,
- streng im Freund-Feind-Denken verankert,
- phantastisch,
- hyperintentionalistisch (alles ist ein großer Plan und wurde von langer Hand geplant) und
- zirkulär; kommt schon zu Beginn zum Schluss bzw. zur Konklusion »Wir werden doch so oder so getäuscht, egal, was ich sage!«.

Im Folgenden werde ich diese sechs Merkmale des toxischen Zweifels der Reihe nach angehen.

antifaktisch

Der toxische Zweifel ist als Teil des verschwörerischen Denkens antifaktisch; und er kann dies deshalb ohne Probleme sein, weil innerhalb dieses Denksystems keine Notwendigkeit für ein auch nur halbwegs neutrales Fakteninteresse besteht. Die Neigung zum Bestätigungsfehler, die Tendenz zur haltlosen Spekulation und die Vorliebe für gefühlte Wahrheiten sorgen dafür, dass der toxisch Zweifelnde Fakten und Tatsachen sorglos und großzügig unter den Tisch fallen lassen kann.

Zur antifaktischen Grundhaltung des toxischen Zweifels gehört auch ein gestörtes Verhältnis zum Beweis und zum Akt des Beweisens.

So verdrehen Verschwörungstheoretiker oft die Beweislast. Was das bedeutet?

In Wahrheit gilt: Wer eine Aussage macht, sollte seine Aussage auch beweisen können. Falls »beweisen« ein zu starkes Wort ist, dann: »rechtfertigen«, »untermauern«. Das gilt für einzelne Aussagen wie für ganze Theoriegebäude. Die Wissenschaftler zum Beispiel, die uns die Erderwärmung durch Klimawandel erklären, tun dies, indem sie ihre Behauptungen wirklich rechtfertigen. Sie verweisen auf die seit der Industrialisierung gestiegene Erdtemperatur und setzen diese ins Verhältnis zur Kohlenstoffdioxidkonzentration in der Atmosphäre usw. Sie stellen eine Theorie in den Raum und belegen sie, indem sie die in der Theorie enthaltenen Aussagen untermauern. Das müssen sie auch: Denn die Beweislast liegt, wie gesagt, bei demjenigen, der eine Behauptung aufstellt. Verschwörungstheoretiker sehen das, wie so oft, anders. Sie machen allerlei krasse Behauptungen – das World Trade Center wurde gesprengt, im Nachrichtenfernsehen sehen wir keine echten Menschen, sondern Schauspieler, Chemtrails vergiften die Atmosphäre – und gehen, stellt man ihnen ein paar kritische Gegenfragen, schnell zu einem »Beweise du mir doch das Gegenteil!« über.

Beweise mir doch, dass das World Trade Center nicht gesprengt wurde! Beweise mir, dass die Mondlandung nicht gefälscht war! Beweise mir, dass … Doch als profaktisch ausgerichtete Menschen wissen wir: Wenn du etwas sagst, liegt es an dir, dein Gegenüber durch Argumente (oder Beweise) zu überzeugen – *ich* muss niemals die Beweislast tragen für *deine* Behauptungen.

James Tracy, einer der Verschwörungstheoretiker des Sandy-Hook-Amoklaufs in Newtown, war der Meinung, das Attentat sei gefaked, alle involvierten oder verstorbenen Menschen nur Schauspieler. Die Opfer hätten nie existiert. Das Perfide: Der aggressive Tracy verlangte Beweise vom trauernden Vater Lenny Pozner; Beweise, dass sein ermordeter Sohn Noah jemals existiert hatte.
Ein besonders widerlicher Versuch, die Beweislast zu drehen. Ein Gericht hat Tracy, wenn schon nicht zur Vernunft gebracht, dann doch wenigstens verurteilt – wegen Belästigung und Bedrohung.

Man kann bei dieser Taktik scherzhaft von einem *Hausaufgabeneffekt* sprechen. Verschwörungstheoretiker geben anderen Leuten gerne Recherche- und Herleitungsaufgaben auf. Ungebetene Hausaufgaben, sozusagen. Für Thesen, die sie aber selbst in den Raum gestellt haben. Allerdings ist das Quatsch, und wir alle haben schon genug zu erledigen, ohne dass uns jemand sagt, was zu tun ist.

Abgesehen von einer verschobenen Beweislast gehört zu den Kerndisziplinen des toxischen Zweifels die *Forderung, eine Negativaussage zu beweisen* (umgangssprachlich auch *can't prove a negative* genannt). Also zum Beispiel, dass etwas *nicht* passiert ist. Die Mondlandungsinszenierung. Oder eben die Sprengung des World Trade Centers. Dann soll man sich als Gegenüber die Zähne daran ausbeißen, die Inexistenz von etwas zu beweisen, was, Hand aufs Herz, ziemlich schwer ist. Aber nicht immer. Man kann grundsätzlich sehr wohl Nicht-Dinge belegen. Es gilt als belegt, dass Flugzeugkondensstreifen *keine* absichtlich zugefügten Giftmischungen enthalten oder dass Impfungen *nicht* schädlich sind. Es ist erforscht, dass große Mengen Zucker *nicht* gesund sind. Negativbehauptungen entziehen sich also keineswegs grundsätzlich der Rechtfertigungslogik. Zu beachten ist auch hier, dass die Beweislast, solange man nicht einer antifaktischen Denkweise anheimfallen will, immer bei demjenigen liegt, der die Behauptung aufstellt. Weigerst du dich, die Beweislast für deine Behauptung zu übernehmen, oder forderst Beweise für verrückte Negativbehauptungen, muss ich schlicht und einfach nicht weiterdiskutieren. Jeder macht seine eigenen Hausaufgaben.

Die Logik: »Ich habe für meine Behauptungen keine Beweise. Aber beweise du mir doch, dass sie *nicht* stimmen!«

Die ganze Wahrheit: Niemand muss deine wirren Thesen beweisen, außer du selbst.

Hitchens' Rasiermesser

Gegen antifaktische Denkweisen, die oft mit einer Beweislastumkehr einhergehen, hilft *Hitchens' Rasiermesser*: Der, der eine Behauptung aufstellt, ist verpflichtet, die Beweislast zu übernehmen. Weigert er sich, kann man seine Aussagen sofort dem Papierkorb anvertrauen.

Das heißt also: »Was ohne Beleg behauptet werden kann, kann auch ohne Beleg verworfen werden.«

abstrakt

Weil der toxische Zweifel problemlos konkrete faktische Kritik ignorieren kann, kann er sich schnell zu einem abstrakten Misstrauen mausern. Experten? Alle gekauft. Zeitungen und Fernsehen? Lügen. Politiker? Führen alle »nichts Gutes im Schilde«. Anstatt konkrete Missstände im Detail zu kritisieren, flüchtet sich die toxische Denkweise in luftige Höhen. Das hat auch den angenehmen Vorteil, dass man keine konkreten Aussagen mehr treffen muss, die sich auf »wahr« oder »falsch« hin beurteilen lassen. Der toxische Zweifel bevorzugt die abstrakte Ebene eines Sachverhalts.

So behauptete Donald Trump lange, die Präsidentschaftswahlen 2016 – die er schlussendlich gewann – seien »manipuliert«; ohne allerdings konkreter zu werden, was genau an ihnen denn manipuliert sei. Die Kritik blieb nebulös.

Die Logik: »Da geht etwas nicht mit rechten Dingen zu!«

Die ganze Wahrheit: Wenn du etwas kritisieren willst, solltest du konkreter werden, sonst bleibt deine Kritik nur symbolisch (und sinnfrei).

streng im Freund-Feind-Denken

Der toxische Zweifel ist selbstgerecht und als Folge dessen sich zu sicher, was die Einteilung in »gut« und »böse«, in »Freund« und »Feind« betrifft. Menschen wie Donald Trump, die AfD oder Impfgegner hegen keinerlei Zweifel darüber, wer der »wahre Feind« ist: nämlich alle, die ihre Meinung nicht teilen; alle, die ihre Motive aufrichtig hinterfragen; alle, die die Konsequenzen ihres Handelns kritisch erörtern.

Die Logik: »Entweder teilst du meine Zweifel, oder du bist mein Feind.«

Die ganze Wahrheit: Eine radikale Unterscheidung zwischen Freund und Feind ist nicht nur unsachlich, sondern erkenntnisfeindlich.

phantastisch

Zweifeln kann und soll eine Form des kreativen Denkens sein. Indem man gängige Erklärungen kritisch unter die Lupe nimmt, können wertvolle neue Erkenntnisse aus unerwarteten

Blickwinkeln entstehen. Der toxische Zweifel äußert sich hingegen in wunderlichen und abenteuerlichen Erklärungen, die nicht ohne ein hohes Maß an kreativer Spinnerei zusammenkommen.

So werden harmlose Kondensstreifen hinter Flugzeugen durch den (toxischen) Zweifel an der offiziellen Erklärung im Handumdrehen zu (ebenfalls toxischen) Giftgemischen, die eine böswillige Regierung gut sichtbar am Himmel über ihrer arglosen Bevölkerung auskübelt.

Die Logik: »Nur weil es verrückt klingt, ist es noch lange nicht verrückt.«

Die ganze Wahrheit: Was verrückt klingt, kann es durchaus sein.

hyperintentionalistisch

Nachzudenken heißt oft: nachzudenken über die Absichten Dritter. Handlungen zu verstehen heißt Absichten zu verstehen. Das halbe Land fragte sich z. B. über Jahre: »Was hat sich Angela Merkel dabei gedacht?« Der toxische Zweifel ist oft hyperintentionalistisch in dem Sinne, dass er die Absichten (Intentionen) Dritter überbewertet (er ist also hyper-) oder Ereignisse, die unbeabsichtigt geschehen, zum Ergebnis absichtlicher Handlungen umdeutet. Entweder werden also Absichten dort hineininterpretiert, wo gar keine sind, oder dort, wo in der Tat welche sind, werden diese ohne faktische Grundlage umgedeutet oder überzeichnet. Denken wir zurück an das Porsche-Beispiel, wo ein Stein in einem Fall von der Steilwand auf den Porsche fällt und im anderen Fall geworfen wird. Ein besonders schönes Beispiel für Hyperintentionalismus bietet die Umvolkungsverschwörungstheorie der Neuen Rechten.

Die Logik: »Hinter negativen Handlungen und Ereignissen stehen immer böse Absichten böser Menschen.«

Die ganze Wahrheit: Unerfreuliche Dinge geschehen oft ohne böse Absichten. Folgen von Handlungen sind unüberschaubar. Inkompetenz und Dummheit kommen häufiger vor als Verschwörung und Manipulation.

Hanlons Rasiermesser

Wenn etwas durch Dummheit erklärbar ist, muss man nicht unbedingt Böswilligkeit und geniale Pläne im Hintergrund annehmen. Also: »Gehe nicht immer von Böswilligkeit aus, wenn Dummheit völlig ausreicht.«

Die Konklusion »wir werden getäuscht« steht von Beginn an schon fest

Der toxisch Zweifelnde geht vor wie ein Ermittler, dessen Urteil schon zu Beginn der Ermittlung feststeht. Das Urteil lautet: Lüge, Täuschung, Manipulation. Insofern hat er es als Verschwörungstheoretiker ausschließlich darauf abgesehen, dieses Vorurteil unter Vernachlässigung aller widersprechenden Indizien zu bestätigen. Die Tendenz, primär im Sinne eigener Erwartungen und Vorurteile zu ermitteln und Gegenargumente zu ignorieren, nennen Kognitionsforscher wie gesagt den »Bestätigungsfehler«.

Die Logik: »Wir werden getäuscht; ich muss nur noch herausfinden, wie und warum.«

Die ganze Wahrheit: Stelle deine Prämissen lieber immer wieder in Frage. Denke ergebnisoffen. Benutze deinen ganzen Werkzeugkasten. Es gilt das Sprichwort: »Wenn man nur einen Hammer hat, sieht alles aus wie ein Nagel.«

Der gesunde Zweifel

Der toxische Zweifel macht seinem Namen also alle Ehre. Er ist giftig. Giftig für den wahrheitssuchenden Geist, weil er den nüchternen Blick auf die Wirklichkeit verstellt – durch eine Mischung aus kognitiven Verzerrungen (also eigentlich hinderlichen Erkenntnisneigungen der menschlichen Psyche) und erkenntnisfeindlichen Trugschlüssen bzw. Grundeinstellungen (Antifaktizität usw.).

Wie entgiften wir unseren Zweifel und mit ihm unser Denken? Es gilt, die Trugschlüsse des toxischen Zweifels so gut es geht zu umschiffen. Wer eine angemessene, d. h. adäquate und plausible Beschreibung der Wirklichkeit will, muss also eine andere Herangehensweise wählen. Wer sich der Wahrheit, also der uns mit unseren begrenzten Mitteln erkennbaren tatsächlichen Lage der Dinge, bestmöglich nähern möchte, sollte sich an ein paar Grundregeln halten. Den gesunden Zweifel, wie ich diese erkenntnisförderliche Denkweise nennen möchte, kennzeichnen meiner Meinung nach folgende Merkmale:

Der gesunde Zweifel

- ist anlassbezogen und konkret,
- hat eine profaktische Grundhaltung (statt einer antifaktischen),
- ist offen gegenüber neuen Gedanken und neuen Sprechern,
- weiß um die Begrenztheit des eigenen Verstandes und
- respektiert Wahrheitssuche als Dialogform.

anlassbezogen und konkret

Der toxische Zweifel zeichnet sich durch eine »Davon glaube ich kein Wort«-Haltung aus. Der Verschwörungstheoretiker ist im wahrsten Sinne des Wortes ungläubig, und zwar weniger in Bezug auf konkrete Einzelheiten (das oft auch), sondern vielmehr in Bezug auf die »offizielle Geschichte als Ganzes«. Der gesunde Zweifel hingegen zeichnet sich dadurch aus, dass er diesen abstrakten Zweifel, soweit es irgendwie geht, vermeidet. Solltest du die Wahrheit bezüglich eines Ereignisses verstehen wollen, ist es natürlich möglich, verschiedene Aspekte einer Erklärung zu hinterfragen. Ein abstrakter Generalverdacht bringt jedoch meist wenig Erkenntnisgewinn. Hast du Fragen zu einem Sachverhalt oder Kritik bezüglich einer Deutung, ist es ratsam, diese Kritik möglichst konkret und detailliert ausformuliert zu äußern. Weil sie nur so ebenso konkret und detailliert beantwortet werden kann.

Doch Vorsicht: Konkrete Kritik und Detailfragen sind natürlich kein Exklusivmerkmal für aufrichtige Zweifel. Konspirationisten lieben nicht nur den abstrakten Zweifel, sondern ebenso destruktive konkrete Nachfragen. Nicht alle konkreten Zweifel, die man gegenüber einem Sachverhalt oder einer »offiziellen Geschichte« hat, sind produktiv.

Ein Beispiel: Gibt man die Worte »jet fuel« in Googles Suchmaschine ein, erscheint in der Vorschlagsliste der Autovervollständigung »can't melt steel beams«. Kerosin kann keine Stahlträger schmelzen. Diese Leitformel wurde für 9/11-Verschwörungstheoretiker so tragend wie Stahlträger für ein Hochhaus, weil Kerosin nicht heiß genug brenne, um Stahl schmelzen zu lassen, könne ein kerosinbedingtes Feuer nicht ursächlich für den Einsturz eines Gebäudes sein, das aus vielen Stahlträgern bestand (sondern es war natürlich: eine Sprengung). Die konkrete Antwort auf diese konkrete Beobachtung lautet: Die Antwort ist grundsätzlich richtig, aber hier gar nicht relevant. Zwar brennt Kerosin in der Tat nicht heiß genug, um Stahl zum Schmelzen zu bringen. Die ganze Wahrheit ist aber: Das war im Falle der Twin Towers auch gar nicht nötig. Stahl verliert durch Erhitzen schon weit vor dem Schmelzpunkt seine strukturelle Integrität. Während der Satz über *jet fuel* also grundsätzlich stimmt, stimmt die dahinterstehende Verschwörungstheorie keineswegs.

In eine ähnliche Richtung deutet das sogenannte *anomaly hunting*; Verschwörungstheoretiker gehen innerhalb einer offiziellen Erklärung eines Ereignisses auf »Anomaliejagd«, also eine andere Form der detaillierten Nachfrage. Sie suchen fanatisch nach Ungereimtheiten (die es in jeder Erzählung gibt) und vergessen darüber das große (eigentlich sinnvolle) Ganze. Die Kerosin-Stahlträger-Behauptung ist so eine vermeintliche Anomalie. Sie widerspricht der offiziellen Erklärung des 11. September 2001 nämlich keineswegs.

Ein abstrakter Generalverdacht ist, sofern man die Wirklichkeit adäquat erkennen und beschreiben will, ebenso wenig hilfreich wie ein Zweifel, der sich sinnlos an Kleinigkeiten ergötzt oder aus explanatorischen Mücken Elefanten macht. Im Optimalfall hinterfragt man anlassbezogen und konkret – jedoch ohne Pedanterie.

profaktische Grundhaltung

Fakten sind nur bedingt Ansichtssache. Du kannst deine eigene Meinung haben, aber nicht deine eigenen Fakten. Zu einer profaktischen Grundhaltung gehört ganz ausdrücklich das Vertrauen in bzw. der Vertrauensvorschuss gegenüber Autoritäten und Experten. Verschwörungstheoretiker neigen nun aber dazu, Autoritäten und Experten vorschnell abzuwerten und vorschnell (und vorlaut) zu hinterfragen. Tatsache ist jedoch

erstens, dass Autoritäten und Experten nicht nur in der Regel aus guten Gründen als solche gelten (nämlich weil sie mehr Ahnung von ihrem Thema haben als du oder ich), sondern auch, dass sie

zweitens deshalb die dominanten Erzählungen zu einem Thema liefern, weil sie sich selber profaktisch an der Wirklichkeit orientieren.

Eine profaktische Grundhaltung schließt mit ein, dass man

Stimmen zur Kenntnis nimmt, die der eigenen Grundhaltung widersprechen. Auswählende, selektive Wahrnehmung ausschließlich von jenen Stimmen und Argumenten, die mir in den Kram passen, ist charakteristisch für den toxischen Zweifel.

Offenheit gegenüber neuen Gedanken und neuen Sprechern

Der Generalverdacht, den Verschwörungstheoretiker und Liebhaber subjektiver Wahrheiten gegen alle hegen, die nicht ihrer Meinung sind, führt dazu, dass eine ergebnisoffene Diskussion mit ihnen so gut wie nie gelingt und auch gar nicht gelingen kann. Aus dem ganz einfachen Grund, weil ihre Schlussfolgerung – also das, was am Ende einer (gemeinsamen) Überlegung stehen sollte – für sie schon von Anfang an feststeht (also ähnlich wie in einer Talkshow …).

Der nichttoxische Zweifel, also das erkenntnisoffene Denken, muss sich deswegen von diesen Impulsen, soweit es irgendwie geht, distanzieren. Statt eines Generalverdachts brauchen wir im Dialog miteinander ein *generelles Wohlwollen*, d. h. die wohlwollende Unterstellung, dass wir alle grundsätzlich interessante Dinge vortragen können, die zur adäquaten Beschreibung eines Sachverhalts, zur angemessenen Beschreibung der Wirklichkeit – kurz: zur Wahrheit – beitragen und dass wir uns in diesem Sinne produktiv beteiligen wollen. Argumente gegen Personen, sogenannte Ad-hominem-Argumente, müssen vermieden werden. Offen zu sein gegenüber neuen Gedanken und Sprechern bedeutet nicht nur, den anderen ausreden zu lassen (man kann auch einen Idioten ausreden lassen); Offenheit bedeutet, den anderen als ebenbürtigen Partner in einem wahrheitsorientierten Dialog anzuerkennen.

Allgemeiner: Offenheit bedeutet, *Wahrheitssuche an sich als gemeinsame, dialogische Angelegenheit* zu verstehen. Das, was wahr ist und was nicht, das erarbeiten wir miteinander und aneinander. Allerdings nur dann, wenn wir uns möglichst offen begegnen und uns gegenseitig ernst nehmen.

Wissen um die Begrenztheit des eigenen Verstandes

Dein Verstand ist begrenzt. Das ist keine Beleidigung, sondern eine Tatsache. Auf dem Weg zur passenden Beschreibung der Welt – zum Beispiel der Erkenntnis, dass Impfungen wirken, Klimawandel durch Menschen mitverursacht wird (und uns bedroht), Migrationsbewegungen keinen Bevölkerungsaustausch bedeuten usw. – gibt es, wie wir gesehen haben, einige intellektuelle Fallstricke und Stolperdrähte. Diese Mechanismen erschweren dir den Weg zur Wahrheit.

Die Maxime lautet hier wie immer: Kenne deinen Feind.

Als jemand, der an die Wahrheit glaubt und schlechte Sichtweisen auf die Wirklichkeit von besseren kritisch unterscheidet, musst du dabei stets einen Blick in den Spiegel richten – auf dich selber. Auf deinen eigenen Geist.

Das ist genau das, was der toxische Zweifel gerade nicht tut; und genau aus diesem Grund ist er arrogant. Weil er selbstherrlich glaubt, die Welt einfach so passend erkennen zu können, ohne sonderlich viel Arbeit investieren zu müssen und erst recht ohne intellektuellen Gegenwind im eigenen Kopf. Es gehört zu deinem gesunden oder zumindest zu deinem philosophischen Menschenverstand dazu, dir stets darüber im Klaren zu sein, dass nicht nur andere Menschen als Fake-News-Verbreiter und Verschwörungstheoretiker deinem nüchternen, wahren Blick auf die Wirklichkeit im Wege stehen; sondern auch du selbst, deine eigene Psyche. Auch wenn man seinen eigenen Geist schlecht austricksen kann, so kann man dennoch seine eigene Begrenztheit und Parteilichkeit, soweit es irgend geht, mit einkalkulieren. So kommen wir einem möglichst objektiven, plausiblen Blick auf die Geschehnisse ein Stück näher.

An dieser Stelle sollte eines klar geworden sein: Die Wahrheit sucht man weder mit der Lupe, noch sucht man sie auf sich allein gestellt. Eine angemessene Beschreibung von Wirklichkeit ist keine einsame Detektivarbeit, kann allein gar nicht geleistet werden.

Das Gegenteil ist der Fall: Wahrheitssuche ist meistens Teamwork. Während es stimmt, dass wir alle, bestenfalls, mit unseren eigenen Köpfen denken, folgt hieraus keineswegs, dass uns nur unsere eigenen Köpfe zu Verfügung stehen. Wenn wir uns mit komplexen Fragen wie Terroranschlägen, der Erderwärmung oder globalen Migrationsbewegungen beschäftigen, dann kommen wir alleine schlecht voran. Die Rekonstruktion großer Ereignisse ähnelt eher der Arbeit einer Sonderkommissionsgruppe als der von Einzelgenie Sherlock Holmes. Das Problem ist: Zu viele Verschwörungstheoretiker halten sich per se für Sherlock Holmes, sind jedoch meist nicht mal Watson.

Als Liebhaber der Wahrheit wissen Sie also, dass Sie Probleme von Rang weder alleine lösen können noch sollten. Ich gehe sogar noch einen Schritt weiter und sage: Wahrheitssuche hat eine Dialogform. Notwendigerweise. Keine Wahrheit, die ihren Namen verdient, kann je »ganz allein« von einem Individuum »gefunden« werden (selbst naturwissenschaftliche Wahrheiten stehen immer im Kontext ihrer überindividuellen Disziplin). Immer ist es ein Hin und Her, ein Für und Wider zwischen meinem Geist und der Gedankenwelt eines oder mehrerer anderer Menschen – sei es, dass ich ein Buch lese, ein YouTube-Video schaue oder über das nachdenke, was jemand anderes gesagt hat. Immer bin ich auf fremden Input angewiesen, der meine eigenen Gedanken ankurbelt, erweitert, ergänzt. *Die Gesellschaft anderer Menschen ist eine Bedingung für richtiges Erkennen.* Deshalb ist Wahrheit auch grundlegend sozial (und das gilt letztlich auch für die beschriebene Referenztheorie der Wahrheit). Im Gegensatz zu Verschwörungstheoretikern, die sich ausnahmslos für brillante, ja unfehlbare Ermittler halten, weißt du also: Wenn wir Wahrheit ermitteln können, dann in einer Sonderkommission.

Das Märchen vom bösen Mainstream
Offizielle Storys: besser als ihr Ruf

Oft und gerne wird es erzählt: das Märchen vom bösen Mainstream. Vor allem Verschwörungstheoretiker reagieren allergisch auf alles, was nach Konsens und Mehrheitsmeinung riecht. Ihre wütende Gegenreaktion folgt meist auch prompt: Natürlich ist das nichts anderes als Manipulation! Propaganda! Täuschung von oben!

Es gibt Menschen, die würden trotzig aus dem Fenster springen, sofern ihnen »der Mainstream« vom Fenstersprung abrät. Hauptsache: dagegen.

Die bittere Pille, die alle Freunde subjektiver Wahrheiten schlucken müssen: Auch wenn es spektakuläre Fälle gibt, in denen sich ein David mit seiner Außenseitermeinung gegen einen Goliath aufgelehnt und ihn erfolgreich zu Fall gebracht hat, so heißt es meistens dann doch: *Der Mainstream hat recht.*

In freiheitlichen Gesellschaften verkörpert der Mainstream in der Regel eine beachtliche Schwarmintelligenz. Öffentlichkeit und Wissenschaft, Laien und Experten; sie alle stehen im besten Fall gemeinsam im gesellschaftlichen Dialog über die Themen ihrer Zeit und erarbeiten gemeinsam eine Sichtweise, die als plausibel und überindividuell nachvollziehbar gilt. Eine Sichtweise, die angemessen ist; eine Perspektive, die *passt.*

Wie wir gesehen haben, gehört es für Anhänger von Verschwörungstheorien aus strukturellen Gründen zum guten Ton, Mehrheitsmeinungen anzuzweifeln; ja, aus deren Sicht muss das sogar so sein. Ohne Widerspruch und Opposition hat man nichts zu kritisieren.

Es kommt noch dicker. Denn die Wahrheit lautet noch ganz anders: Eigentlich gibt es gar keinen Mainstream. Zwar gibt es einen Meinungspluralismus, aber nicht *den einen* Mainstream.

Doch braucht der Verschwörungstheoretiker *ein* festumrissenes Feindbild. Das ist Ideologie ohne Empirie. Eifer ohne Fakten. Strukturelles Querulantentum, das seine Ursache in einer eigenen verqueren Gruppenidentität und den damit verbundenen Feindbildern hat. Natürlich kann man individuell und konkret Medien, Experten oder Wen-auch-immer kritisieren. Ein abstraktes Vorgehen gegen »den Mainstream« ist jedoch nicht weniger als das, was Wahrheitssuchende vermeiden sollten: ein Paradebeispiel von toxischem Zweifel.

Die Wahrheit: Offizielle Storys sind oft gar nicht so schlecht. Sie liegen erstaunlich oft richtig. Sogar fast immer. Ausnahmen bestätigen die Regel.

Eigentlich wäre es also höchste Zeit dafür, das Märchen vom bösen Mainstream endlich zu beerdigen. Doch ist das schwerer, als man denkt. Denn allzu oft sind Gegengeschichten Geschichten ohne Wahrheitswert, die einzig und allein aus dem Grund erzählt werden, einer etablierten Geschichte zu widersprechen, weil man jene nicht mag, die sie erzählen. Es geht Verschwörungstheoretikern also nicht in erster Linie um adäquate Wirklichkeitsbeschreibung, sondern um möglichst heftige Kritik an Menschen und Institutionen. Wie *Die Ärzte* schon 1998 in ihrem Song »Rebell« sangen: »Ich bin dagegen, denn ihr seid dafür / Ich bin dagegen, ich bin nicht so wie ihr / Ich bin dagegen, egal worum es geht.« Verschwörungstheoretiker sind Möchtegernrebellen.

Wer sich weigert, die Wirklichkeit eines in der Regel richtig liegenden Mainstreams anzuerkennen, hat vor allem eines – er hat einen bestimmten Plan, eine eigene Agenda. Aus diesem Grund muss man in jedem Anti-Mainstream-Fanatismus einen ziemlich sicheren Hinweis auf politischen Populismus sehen.

Allen prinzipiellen Mainstreamkritikern möchte ich noch folgendes Sinnbild mitgeben: Mit der Wahrheit ist es manchmal so wie mit dem Straßenverkehr. Wenn alle in die falsche Richtung fahren, bist vermutlich du der Geisterfahrer (nicht die anderen).

Ententest

Ein Ententest (*duck test*) meint eine Methode zur Begriffsbestimmung von etwas, das nur anhand seiner äußerlich sichtbaren Verhaltensweisen und Eigenschaften verstanden werden kann: »Wenn es aussieht wie eine Ente, schwimmt wie eine Ente und quakt wie eine Ente, dann ist es wahrscheinlich eine Ente.«
Zu einem jeden gesunden Zweifel gehört der Ententest immer dazu: Das Wissen, dass Lug, (Be-)Trug und Täuschung zwar als ganz normale menschliche Verhaltensweisen existieren, dass sie jedoch *Ausnahmefälle* darstellen. Dass man getäuscht wird, ist etwas Ungewöhnliches, ja: Außerordentliches. Zumindest: eine Täuschung in wichtigen Belangen. Der gesunde Zweifel weiß: *In der Regel reicht der Ententest aus, um eine erste (!) begründete Beurteilung abgeben zu können, ob man nun tatsächlich getäuscht wird oder nicht.* Wir gehen ja auch nicht sofort davon aus, dass die Enten im Park in Wahrheit Außerirdische sind, die uns Menschen ausspionieren und sich zu diesem Zweck entenförmig tarnen. Das könnte zwar der Fall sein, ist jedoch von den Fakten her gesehen eher unplausibel.
Der Ententest unterscheidet sich von einem naiven Realismus, der erst einmal alles für wahr nimmt, und zwar insofern, als der Ententest eine *erste allgemeine Annäherung* an einen Wahr-

nehmungsgegenstand oder ein Problem darstellt. Falls sich die Enten doch als außerirdische Spione oder alle Medien als gesteuerte Manipulatoren (»Lügenpresse!«) herausstellen, müssen wir unsere Haltung natürlich korrigieren. Der naive Realismus hält Schein und Sein für deckungsgleich.

Nichts als die Wahrheit. Verteidigung eines sozialen Wahrheitsbegriffs

»Ich schwöre, die Wahrheit zu sagen, die ganze Wahrheit und nichts als die Wahrheit, so wahr mir Gott helfe.« Diese Formel kennen wir alle. Sie ist die spektakuläre Beteuerung eines Zeugen oder Angeklagten, vor Gericht weder zu lügen noch zu täuschen. Kurz: Die Wahrheit zu sagen. Und nichts als die Wahrheit. Bemerkenswert ist die zugrunde liegende Logik. Die Nichts-als-die-Wahrheit-Formel setzt nämlich eine Prämisse voraus: Man kann sich problemlos an die Wahrheit halten, sofern man es nur will.

Das ist aber leichter gesagt als getan. Denn was soll Wahrheit in diesem Sinne sein? Geht es nur darum, dass Begriffe auf Tatsachen und Gegenstände in der Welt zutreffen? Oder geht es auch um Wahrheit unter Menschen, um in diesem Sinne Zwischenmenschliches?

Mir ist in diesem Zusammenhang eine besondere Sichtweise von Wahrheit sehr wichtig. Ich vertrete dabei Thesen, die inhaltlich zusammenhängen:

1. Wahrheit ist immer auch sozial.
2. Es gibt *keine* Beschreibungsbeliebigkeit.
3. Du kannst deine eigene Meinung haben, aber nicht deine eigenen Fakten.
4. Eine Gemeinschaft braucht Wahrheitsglauben, um überleben zu können.
5. Wahrheit zu lieben bedeutet, Unwahrheit zu widersprechen. Oder anders ausgedrückt: Ohne Zivilcourage geht gar nichts.

These 1: Wahrheit ist immer sozial

Niemand ist eine Insel (und ein Nudelsieb ist ein Nudelsieb).

Eine Wahrheit, die wir erkennen, ist vor allem eines: Sie ist eine Wahrheit, die *wir* erkennen. Das hat damit zu tun, dass Wahrheiten keine körperlichen, sich unabhängig im Raum befindlichen Dinge sind wie Atome, Berge oder Planeten. Atome, Berge und Planeten gibt es auch dann, wenn es keine Menschen geben würde, die sie erkennen könnten. Mit den erkennenden Menschen verschwinden würden *wahre Erkenntnisse über* diese körperlichen Dinge. Aussagen. Beschreibungen. Diese hängen nämlich direkt von uns ab. Ihre Heimat ist nicht die körperliche Welt, sondern die gedankliche Metaebene zu dieser körperlichen Welt.

In diesem Sinne sind Wahrheiten sozial: Sie hängen von der Vorstellungsgemeinschaft ab, in der sie gedacht werden. Gemeinschaftlich erkannt. Eine Wahrheit, die wir erkennen, ist eine Wahrheit, die ein Wir erkennt.

Erinnern wir uns an das Nudelsiebproblem aus dem Vorwort. Die Frage lautete, ob ein Nudelsieb, das in den postapokalyptischen Ruinen einer menschenleeren Welt liegt, überhaupt noch als Nudelsieb – oder nur als Metallding mit Löchern gelten kann. Im Verlauf dieses Buches haben wir gesehen, wie unser Denken fundamental von der jeweiligen Beschreibung der Wirklichkeit abhängt. Ob etwas eine Verschwörungstheorie ist oder nicht, zeigt sich an der Art und Weise, wie sich die jeweilige Beschreibung auf die beschriebene Welt bezieht; ob sie ihr auf eine angemessene Weise versucht Sinn zu geben, weil sie eng und passend an ihr ausgerichtet ist, oder ob sie abgehoben die Existenz wirklichkeitsfremder phantastischer Dinge einfach nur so behauptet ohne Rücksicht auf irgendwelche Tatsachen – typisch für Verschwörungstheorien. Damit ist klar: Sinngebung ist ein zutiefst menschlicher Prozess. Für mich bleibt deshalb unverständlich, was es bedeuten soll, einer Sache eine Bedeutung zu-

> Bedeutung heißt: etwas bedeutet für *jemanden etwas*.
>
> Die dicken weißen Streifen auf der Straße? Die sind »Zebra-streifen«. Für uns. Also für alle, die gelernt haben und seit-dem wissen, was Zebrastreifen im Straßenverkehr bedeuten. Deshalb gehen wir dort sicherer und deshalb lieber über die Straße. Weil diese Streifen für uns einen Fußgängerüberweg darstellen. Bedeutung besteht in einer perspektivischen Sinnbeziehung.

zuschreiben, ohne dass klar ist, für *wen diese Bedeutung etwas bedeutet.*

Wenn Außerirdische unser verwaistes Nudelsieb auffinden, dann ist keineswegs klar, dass ihnen die ehemalige Funktion einleuchtet; noch weniger, dass ihnen die Aussage »Dies ist ein Nudelsieb« – und sei es in ihrer Sprache – wahr erscheint. Und selbst wenn das Gegenteil der Fall wäre, so würde dies auch als Indiz gelten können, dass Bedeutung und Sinn soziale Kon-strukte sind (dann nämlich unter den Außerirdischen). Versteht man den Begriff »Sinngebung« wortwörtlich, leuchtet sofort ein, dass es sich hier um das Geben von Sinn handelt. Über Wahrheit und Unwahrheit, angemessene und unangemessene Wirklichkeitsbeschreibung würden in diesem Fall die Außer-irdischen entscheiden (und sich eventuell dabei Nudeln ma-chen).

»Niemand ist eine Insel«.[1] Dieser Satz des Dichters John Donne verkörpert eine tiefe Wahrheit. Menschliche Erkenntnis ist von Menschen abhängige Erkenntnis. Auf der einen Seite gibt es die Wirklichkeit, und mit ihr verbunden ist unser Denken als gemeinschaftliche Metaebene. Sinn und Unsinn, Wahrheit und Unwahrheit sind gemeinschaftliche Angelegenheiten. Die-se Einsichten sind nicht trivial, sondern elementar wichtig, weil sie die sozialen Säulen der menschlichen Erkenntnis bilden. Meine erste These zur Wahrheit lautet folglich:

Wahrheit ist immer sozial.

Oder anders ausgedrückt: Wir sind keine Inseln, sondern Archipele, Inselgruppen.

These 2: Es gibt keine Beschreibungsbeliebigkeit

Wenn Wahrheit immer soziale Wahrheit ist und die Welt nach kollektiver Sinngebung verlangt, wird schnell klar, warum es nicht egal sein kann, wie wir die Welt beschreiben. Sei es als Individuen oder als Denkgemeinschaft.

Meine nächste These zur Wahrheit lautet deshalb:

Es gibt keine Beschreibungsbeliebigkeit.

Was ich damit meine?

Manche Beschreibungen passen besser als andere. Sie sind sozusagen wahrer.

Wahrheit zu suchen bedeutet, gemeinsam auf jene Beschreibung hinzuarbeiten, die von der Mehrheit als passend und plausibel ausgezeichnet wird. Verschwörungstheorien entsprechen diesem Prinzip der optimalen Beschreibung nicht. Ganz im Gegenteil: sie huldigen dem Prinzip der Beschreibungsbeliebigkeit. Im Sinne von: Sollte dir die offizielle Erklärung eines Geschehnisses nicht gefallen, nimm dir eine Alternative aus dem Erklärungsregal. Gefällt dir die Beschreibung »Durch die Globalisierung entstandene Probleme führen zu nachvollziehbaren globalen Migrationsbewegungen« als Erklärung für das Phänomen flüchtender und vertriebener Menschen nicht, kannst du dich für die Beschreibung »Eine politische Elite will uns zu ihrem Vorteil umvolken« entscheiden. Wie gesagt bedeutet das allerdings: Diese Beschreibung passt nicht bzw. nicht gleich gut. Würde das Prinzip der Beschreibungsbeliebigkeit für unser Denken grundlegend sein, wären alle Beschreibungen gleich gut. Gleichwertig. Doch das ist einfach nicht der Fall. Die Wirklichkeit ist kein Selbstbedienungsladen.

Aus einzelnen Aussagen und Beschreibungen werden nun Erzählungen. Wir versuchen der Wirklichkeit durch solch eine Erzählung, durch solch ein Narrativ gerecht zu werden. Dass es keine Beschreibungsbeliebigkeit in Wahrheitsfragen gibt, bedeutet deshalb:

Erzählungen sind nicht gleichwertig.

Es ist nicht egal, welchen Erzählungen man glaubt, welche man selbst erzählt. Die Erzählung »Es gibt einen Klimawandel und menschliches Verhalten ist diesbezüglich ein bestimmender Faktor« ist der Erzählung »Es gibt keinen Klimawandel oder falls doch, sind menschliche Einflüsse nicht nachgewiesen« *überlegen*. Die eine ist besser, die andere schlechter.

Wieso? Weil die eine sich auf gesicherte wissenschaftliche Deutungen der Wirklichkeit stützt und viele Anhänger aufseiten der Experten hat, also jener Menschen, die sich fachlich besonders gut auskennen. Die Gegenerzählung ist unterlegen, weil sie im Großen und Ganzen nicht auf nachvollziehbaren Fakten, sondern auf Spekulation und Ressentiments basiert (Trump behauptet etwa, dass der Klimawandel von den Chinesen erfunden wurde, um wirtschaftlich den Westen auskontern zu können).[2]

Keine Beschreibungsbeliebigkeit zuzulassen bedeutet natürlich auch: Jeder darf seine Meinung äußern, wie er mag, doch haben wir gute Gründe, den einen mehr zu glauben und zu trauen als den anderen. Meinungspluralismus bedeutet also nicht, dass alle bezüglich aller Themen dieselbe Autorität haben. Im Gegenteil: Autorität haben nach wie vor diejenigen, die auf ihrem Gebiet etwas von anderen Experten Anerkanntes geleistet haben, so dass sie möglichst vielen als solche gelten, die ihr Fachgebiet besonders gut verstehen – und dieses Fachwissen auch einem Laienpublikum inhaltlich vermitteln können. Wir haben also z. B. gute Gründe dafür, einem Fachchirurgen eher zu glauben als jemandem, der uns erklärt, er könne die Operation genauso gut mit seinem Taschenmesser ausführen, denn er habe sich ja alles angelesen. Beschreibungsbeliebigkeit abzulehnen bedeutet auch, Glaubwürdigkeitsbeliebigkeit abzulehnen. Eine Einstellung nach dem Motto »Ich glaube einfach allen gleich viel« ist nicht nur kaum umsetzbar und deshalb unglaubwürdig, sondern sogar gefährlich.

Ein Beispiel: Donald Trump sorgte im Sommer 2018 einmal mehr für massive Irritationen, als er die Glaubwürdigkeit des damaligen russischen Präsidenten Vladimir Putin grundsätzlich auf dieselbe Stufe stellte wie die Glaubwürdigkeit seines *eigenen Geheimdienstes*. Bei der Frage nach möglichen russischen Eingriffen in den Wahlkampf gab Trump sich mit Putins Versicherung zufrieden, es habe keinen russischen Eingriff in die amerikanischen Wahlen gegeben.[3] Dass Trumps eigener Geheimdienst widersprach? Ist ihm doch egal. Ist doch alles gleichwertig. Nach dem Motto »Ich glaube X, vielleicht auch ein wenig Y, und dann wird das schon irgendwie passen«. Das ist Glaubwürdigkeitsbeliebigkeit *und* Beschreibungsbeliebigkeit. Einige Tage später korrigierte Trump seine Position nach massivem Druck und behauptete, er habe an entscheidender Stelle das Wort »nicht« vergessen, er meine natürlich genau das Gegenteil.[4] Wer hätte das gedacht?

Wirklichkeitsbeschreibungen sind nicht beliebig gegeneinander austauschbar, da sie nämlich möglichst gut *passen* sollen. Wie Puzzlestücke. Wir überlegen uns Worte, die von ihrem Sinn her gesehen möglichst gut mit der von uns gemeinschaftlich wahrgenommenen Welt übereinstimmen sollen. Und weil Worte und Aussagen verschiedene Bedeutung haben, können nicht alle gleichzeitig gleich gut mit der Welt übereinstimmen. Wörter wie »nicht« sind nicht (!) egal, sondern ganz entscheidend. Um ein Beispiel aus einem vorherigen Kapitel aufzunehmen: Entweder wurde Prinzessin Diana ermordet – oder nicht. Entweder Osama Bin Laden ist tot – oder er lebt noch. Entweder war der 11. September ein Terroranschlag – oder ein Komplott der Regierung. In allen diesen Fällen kann nur eine dieser Wirklichkeitsbeschreibungen im engeren Sinne passen (und nie beide gleichzeitig). Deswegen ist es nicht egal, wenn ich X sage und du Y. Die Lösung besteht nicht darin, dass wir uns dann auf »Ich glaube eben an X« und »Du glaubst eben an Y« einigen, quasi als eine Form des *agree to disagree*, bei der jede Partei die Sicht der anderen toleriert. Besser wäre es, wenn jeder seine Gründe für seine Überzeugungen darlegt, am besten in der Öffentlichkeit. Die Welterklärung, die am plausibelsten ist, ist dann die für alle passendste; und somit am nächsten an dem, was wir mit dem Prädikat »wahr« bezeichnen.

These 2 besagt, dass es keine Beschreibungsbeliebigkeit in Wahrheitsfragen gibt. Sie baut damit auf These 1 auf: Wir entscheiden sozial, d. h. gemeinschaftlich, welche die bessere, angemessenere Beschreibung der Wirklichkeit ist und welche die schlechtere. Plausibilität ist ein soziales Kriterium. Ob du Quatsch erzählst oder nicht, bewertest nicht du – *das bewerten wir* – unter Beachtung aller Argumente und unter Beobachtung von allem Möglichen, etwa von dem, was wir für die Wirklichkeit halten. Es würde also Einstimmigkeit in Bezug auf das herrschen, auf das wir uns beziehen: Referenz und Konsens gingen Hand in Hand.

These 3: Du kannst deine eigene Meinung haben, nicht aber deine eigenen Fakten.

Einen Sachverhalt angemessen zu beschreiben bedeutet: ihn sinnvoll, ihn nichtbeliebig zu beschreiben. Also so, dass andere Menschen diese Beschreibung *plausibel* finden. Auf diese Weise äußert sich der soziale Aspekt des Wahrheitsdenkens. In überindividueller Nachvollziehbarkeit. Wenn ein Kind sich ein Nudelsieb auf den Kopf setzt und es »Helm« nennt, dann ändert dies nichts an der Tatsache, dass der Helm eigentlich für die meisten von uns ein Nudelsieb ist.

Warum sind wahre Beschreibungen der Wirklichkeit nun sowohl sozial (These 1) als auch nichtbeliebig (These 2)?

Die Antwort: Weil sie sich *faktisch* auf die Welt beziehen.

Das betrifft nicht nur abstrakte Fragen wie die, ein Nudelsieb könne vielleicht auch ein Helm sein, wenn man es sich auf den Kopf setzt. Erinnern wir uns an die Erfindung der Redewendung »*alternative Fakten*« durch Kellyann Conway, eine enge Beraterin Donald Trumps. Im Januar 2017 verteidigte sie die Behauptung, es habe niemals eine größere Menschenmenge bei einer präsidentiellen Amtseinführung gegeben als bei der von Trump, indem sie diese offensichtliche Falschbehauptung – Fotovergleiche zeigten das Gegenteil – dem bis dahin unbekannten Typus der »alternativen Fakten« zuordnete.[5] Ein alternativer Fakt sei, so wurde aus dem Kontext heraus klar, eine Art alternative, aber in ihrer Geltung ebenso wahre *Gegenerzählung*.

Dieses dreiste Manöver wurde ikonisch für die antifaktische Wahrheitspolitik Trumps. Die Streitfrage lautet wie gesagt, wie viele Menschen vor Ort am wohl meistgefilmten Ereignis des Winters 2017 teilnahmen. Also Aussagen, die sich sehr eindeutig »faktisch auf die Welt beziehen«. Man muss einfach nur das Bildmaterial analysieren und so die Anzahl der Leute schätzen.

Conway tat nicht weniger, als sich *für die Beschreibungsbeliebigkeit* einzusetzen. Gefällt mir eine Beschreibung nicht? Verkörpert ein Satz eine unangenehme Wahrheit, die ich lieber unter den Teppich kehren würde? Wenn ja, dann beschreibe ich die Wirklichkeit anders, womöglich mit dem glatten Gegenteil als Ergebnis.

So kappt man die faktische Beziehung zwischen der außersprachlichen Wirklichkeit (mehr/weniger Menschen vor Ort) und der sprachlichen Wahrheit eines Satzes (»Es sind mehr/weniger Menschen vor Ort«). So verliert Sprache an Wert – und das Konzept der Wahrheit an Bedeutung.

Conways Rede von »alternativen Fakten« wurde schnell legendär. Weil sie versucht, die Verbindung von Sprache und Welt grundlegend zu stören (oder gar zu kappen); durch die Möglichkeit einer alternativen Beliebigkeit und Gleichgültigkeit. Conway als auf den ersten Blick erwachsene Pippi Langstrumpf: »Ich mach mir die Welt / widewidewie sie mir gefällt.«

Seitdem ist das zu Recht lächerliche und verspottete Gerede von »alternativen Fakten« zwar auf dem Rückzug – der dahinterstehende Gedanke allerdings nicht. Ein antifaktischer Wahrheitsschwund ist weiterhin in Politik und Gesellschaft zu beobachten. Ebenso gibt es immer wieder allergische Reaktionen auf die Forderung, man müsse sich schon in den wichtigen Fragen halbwegs auf eine Deutung der Wirklichkeit einigen – zumindest was die Fakten angeht.

Den Liebhabern einer antifaktischen Denkweise wie Kellyann Conway bzw. Donald Trump und Konsorten müssen wir entgegenhalten: Du kannst deine eigene Meinung haben, nicht deine eigenen Fakten.

Konkurrierende und sich widersprechende Deutungen der Welt können nicht nebeneinander existieren, können nicht beide gleichzeitig richtig sein. Bei widersprüchlichen Aussagen hat schlichtweg ein Sprecher recht und ein Sprecher unrecht. Gerade, wenn es um elementare Fragen geht, die man nachprüfen kann, wie die Teilnehmerzahl von Trumps Amtseinführung.

Das Umetikettieren der Wirklichkeit ist unzulässig. Vor allem, wenn es um *hard facts* geht. Ich kann nicht auf die Waage steigen, mit dem Ergebnis (z. B. 90 Kilogramm) unzufrieden sein und fortan behaupten, ich wöge in Wahrheit 75 Kilogramm und alles andere müsse man nicht glauben (mehr noch: wer etwas anderes behauptet, sei Teil einer Verschwörung gegen mich!). Oder ich sei 1,90 Meter groß, obwohl ich tatsächlich eher 1,60 Meter groß bin und nur mit Mühe und Not die Haltegriffe in der U-Bahn erreiche.

Emile Ratelband, ein niederländischer Motivationstrainer, der in den 1990ern mit kuriosen Auftritten und dem Spruch »Tsjakkaa! Du schaffst es!« Furore machte, geriet im November 2018 wieder in die Schlagzeilen. Wieso? Der mittlerweile 69-Jährige wollte sein Geburtsdatum juristisch verschieben lassen. 20 Jahre nach hinten. Ja, ganz genau: Emile Ratelband wollte sich vor Gericht vom 69-Jährigen wieder zum 49-Jährigen klagen. Eines seiner »Argumente«: Man könne ja heutzutage auch sein Geschlecht ändern, also warum nicht sein Alter? Sein grundlegender Wunsch nach Selbstbestimmung in allen Ehren. Das Gericht konnte und wollte seiner juristischen Verjüngungskur jedoch nicht nachgeben. Manche Dinge müssen wir akzeptieren, auch wenn es schwerfällt. Dazu sage ich: »Tsjakkaa! Du schaffst es!«

Deine Katze wird nicht zum Hund, indem du sie »alternativer Hund« nennst. Entweder ist die Aussage »Ich bin 1,90 Meter groß« wahr – oder nicht. Klar, niemand schlägt einem den Kopf ab, wenn man sich um einen Zentimeter vermisst. Aber um 30 Zentimeter vermisst man sich nicht versehentlich. Das sind die sogenannten Fakten. Das Tier an deiner Seite ist *entweder* eine Katze *oder* ein Hund – niemals beides gleichzeitig. Wenn ich sage »Das ist eine Katze« und du sagst »Das ist ein Hund«, dann hat einer von uns recht und einer unrecht. Das meine ich mit faktischer Beschreibung der Realität.

Etwas anderes ist die Meinungsebene: Die Meinungsebene steht sozusagen auf den Schultern der faktischen Beschreibung der Wirklichkeit. Ich kann es beispielsweise gut finden, dass eher wenige Leute bei der Amtseinführung von Donald Trump waren, oder es bedauern, dass ich 1,60 Meter groß bin (und nicht 1,90 Meter) oder das Fell deiner Katze angenehm weich finden – das sind Meinungen. Meinungen, die sich jeweils auf Fakten be-

ziehen. Auf das Faktum der Menschenmenge bei der Amtseinführung, das Faktum meiner Körpergröße und das Faktum, dass
du eine Katze hast.

Bei den Meinungen kommt eine gewisse Beliebigkeit ins
Spiel. Ich kann aufgrund dieser Faktenlage nämlich auch das
genaue Gegenteil meinen. Viele Menschen ärgern sich, dass
nicht noch mehr Leute Donald Trump zujubeln; nicht wenige sind mit einer eher kleinen Körpergröße vollends zufrieden; Hundeliebhaber streicheln lieber Hunde anstatt (d)eine
Katze.

Natürlich: Viele faktische Fragen lassen sich nicht so leicht
beantworten wie die nach Größe, Gewicht, Hund oder Katze.
Doch auch wenn es um Wahlbetrug geht, die Gefahren eines
Impfstoffes oder internationale Migrationsbewegungen: *Einerseits gibt es Fakten – andererseits gibt es Meinungen* (und Glau-
bensfragen). Die eine Ebene baut auf der anderen auf.

Fakten sind das Fundament, auf dem unsere Meinungen
aufliegen sollte. Das, worauf wir uns berufen, um unsere Argumente zu untermauern, sie plausibel zu machen. Zumindest
im Optimalfall. »Viel Meinung, wenig Ahnung« ist nicht zu
Unrecht zu einem geflügelten Wort geworden – insbesondere
in Internetkommentarspalten.

These 3 lautet konsequenterweise: *Wir alle können unsere
eigenen Meinungen haben, niemals unsere eigenen Fakten.*

These 4: Eine Gemeinschaft braucht ihren Glauben an die Erkennbarkeit von Wahrheit, um zu bestehen

Eine Gesellschaft besteht aus vielen Menschen. Viele Menschen
bedeutet: viele Meinungen. Viele unterschiedliche Vorstellungen davon, was als Wahrheit gilt – und was nicht. Die Funktionen von Wissen, Fakten und wahren Aussagen sind wiederum
vielfältig. Alles in allem haben wir jedoch gesehen, dass wir als

Menschen nicht nur erkennen, um zu wissen, sondern vor allem erkennen, um zu *handeln.*

Unsere Gedanken haben eine praktische Orientierungsfunktion für unser Tun. Das gilt für den Polizisten, der einen Autofahrer auf Alkohol im Atem kontrolliert; das gilt für den Internetnutzer, der sich vergewissert, ob eine E-Mail tatsächlich von seiner Bank stammt oder ob sie nur so aussieht (sprich: ob die E-Mail echt ist oder gefälscht); das gilt für den Vegetarier, der nachfragt, ob Fleisch im Eintopf ist. Sie alle nutzen ihr Wissen praktisch, *um etwas zu tun.* Der Erste will Betrunkene vom Steuer fernhalten, der Zweite will nicht betrogen werden, der Dritte kein Fleisch verzehren. Alle drei sind auf der Suche nach einer wahren Beschreibung der Wirklichkeit; einer passenden. Warum? Keineswegs grundlos oder aus reiner Freude an der Erkenntnis, sondern um sich in vorliegender Wirklichkeit möglichst gut bzw. passend zurechtzufinden – als handelnde Menschen. Als Akteure. Als Träger von Verantwortung. Das ist die Orientierungsfunktion von Wahrheit bzw. wahrer Erkenntnis.

Wie wir gesehen haben, können aber auch als Wahrheiten geglaubte Unwahrheiten zu geistigen Einstellungen (Absichten usw.) werden, die ihrerseits eine beachtliche Orientierungsfunktion haben. Trauriges Beispiel sind die »Impfgegner«.

Was für uns als individuelle Menschen gilt, gilt in diesem Fall gleichermaßen für uns als Gesellschaft. Wir sind als Ganzes abhängig von einem Streben nach Wahrheit – *als Handlungsbasis.* Und zwar gilt das nicht nur für uns alle, sondern *für uns alle gemeinsam.* Das bedeutet nicht, dass wir alle dieselben Meinungen vertreten müssen, keineswegs. Es geht nicht einmal um bestimmte Wahrheiten, also gemeinschaftlich als passend anerkannte Beschreibungen der Realität (die Beschreibung z. B., dass es sehr wohl Migration gibt, aber keine »Umvolkung«).

Das Problem ist grundsätzlicher. Unsere gemeinsame Abhängigkeit von orientierender Erkenntnis ist noch fundamentaler.

These 4 lautet: *Jede Gesellschaft braucht den Glauben an die Erkennbarkeit von Wahrheit, um zu bestehen.*

Was meine ich damit?

Weil wir Menschen nicht nur Gemeinschaften, sondern Sinngemeinschaften bilden, *müssen wir die Welt für zumindest grundsätzlich zufriedenstellend beschreibbar halten.* Das hängt auch mit der Negation der Beschreibungsbeliebigkeit zusammen. Die Negation von Beschreibungsbeliebigkeit bzw. die Forderung nach *Beschreibungspräzision* meint Folgendes: Die Wirklichkeit ist angemessener oder weniger angemessen, besser oder schlechter beschreibbar; Sprechen (und Philosophieren) ist ein gemeinschaftliches Einigen auf die plausibelste Beschreibung. Das Gleiche gilt für die Wissenschaften. Sprechen, Philosophieren und wissenschaftliches Arbeiten sind nur auf Grundlage der Überzeugung möglich, dass die Wirklichkeit grundsätzlich angemessen erkenn- und beschreibbar ist.

Man kann dabei nicht oft genug unterstreichen: *Der Glaube an eine zumindest im Prinzip erreichbare Wahrheit ist das Fundament des Sozialen.* Totale Erosion des Wahrheitsglaubens, antifaktisches Denken und eine Privatisierung jeglicher Wahrheit – keine Gesellschaft könnte so überstehen. Wenn wir uns schon nicht auf die eine Wahrheit einigen können (sei es bezüglich Flugzeugkondensstreifen, Erderwärmung oder kultureller Integration), dann doch bitte immerhin darauf, *dass wir eine Annäherung an die Wahrheit versuchen sollten und dass es möglich ist, die Wirklichkeit angemessen, nachvollziehbar und plausibel* zu beschreiben. Und zwar für uns alle. Damit einher geht auch der Glaube, dass Verschwörungstheorien zwar Versuche sind, die Wirklichkeit zu beschreiben, dass sie jedoch schlechte, schädliche Versuche sind. Der Glaube an die Erkennbarkeit einer gemeinsamen Wahrheit für die Welt, in der wir gemeinsam leben, bildet den Zement einer freiheitlichen Gesellschaft. Verschwörungstheorien lassen diesen Zement bröckeln.

Der Journalist Roger Cohen brachte das fundamentale Wesen eines gemeinsamen *Willens zur Wahrheit* in einem Interview gut auf den Punkt:

»Sehen Sie, wir könnten uns über dieses Glas hier unterhalten. Wir könnten über die Größe und die Form diskutieren und uns darüber unterhalten, ob dieses Glas das richtige Gefäß ist, um einen Saft daraus zu trinken. Und wir könnten unterschiedliche Meinungen haben. Aber: Wenn wir uns noch nicht einmal einigen können, dass das hier ein Glas ist, dann sitzen wir richtig in der Klemme. In den USA sind wir gefährlich nah an diesem Zustand. Vor allem wenn es um den Begriff der Wahrheit geht.«[6]

Ist jemand von vornherein nicht willens, das Glas als Glas anzuerkennen, oder, noch schlimmer: zweifelt jemand schon an der Erkennbarkeit des Glases als solches (»Von wegen Glas! Meine Güte, das könnte auch etwas ganz anderes sein! Wer weiß das denn schon!«), dann wird es unangenehm.

Mit solchen populistischen Anschuldigungen geht genau das einher, was ein sinnvoller Wahrheitsbegriff gerade ausschließt: Beschreibungsbeliebigkeit und die Privatisierung der Wahrheit. *Wahrheitsglauben verbindet, Privatisierung der Wahrheit und antifaktisches Denken trennt uns als Menschen voneinander.*

Um zum Nudelsiebproblem zurückzukehren: Wenn sich alle Beteiligten nur erbost darüber streiten, ob ein Nudelsieb denn nun ein Nudelsieb ist, wird keiner damit Nudeln machen können. Streit erschwert produktives Handeln.

Jede praktische Orientierung fällt aus.

Wahrheitssuche ist zwar selbst eine Frage des Aushandelns – allerdings ein Aushandeln der besten, plausibelsten Beschreibung, des besten Zugangs zur Wirklichkeit. Philosophieren ist insofern praktisches Philosophieren, als es zum (richtigen) Tun führt. Wer die Möglichkeit angemessener, plausibler Erkenntnis bestreitet, vereitelt die Möglichkeit richtigen Handelns – und gefährdet so den Zusammenhalt seiner Gesellschaft.

These 4 lautet also: *Eine Gemeinschaft braucht den Glauben an die Wahrheit, um zu bestehen.*

These 5: Wahrheit zu lieben bedeutet, Unwahrheit(en) zu widersprechen (Stichwort Zivilcourage)

Fassen wir zusammen: Wahrheit ist ein durch und durch soziales Phänomen (These 1); Aussagen über die Welt sind in ihrer Beschreibung keineswegs gleichwertig und beliebig (These 2); wir müssen unsere Meinungen vielmehr an Fakten orientieren, weil Fakten die einzige Möglichkeit darstellen, überindividuell verbindlich zu werden (These 3); für uns grundlegend ist der Glaube an die Möglichkeit einer richtigen, sinnvollen, wahren Beschreibung der Welt, kurz: der Glaube an die Wahrheit – für das Überleben einer Gesellschaft (These 4).

Alle vier Thesen betonen den gemeinschaftlichen Charakter von Wahrheit. Aus diesem Grund spreche ich auch von der »Verteidigung eines sozialen Wahrheitsbegriffs«. Um genau das geht es. Also nicht nur um die philosophisch-theoretische Verteidigung eines faktenorientierten, überindividuellen Wahrheitsbegriffes, sondern ganz konkret um die *praktische Verteidigung der Wahrheit* und des Wahrheitsglaubens, im Alltag. Meine fünfte These lautet folglich: Wahrheit lieben heißt Unwahrheit(en) widersprechen (These 5).

Stichwort Zivilcourage

Zivilcourage, das ist Einschreiten, wenn eine Frau in der U-Bahn belästigt wird. Zivilcourage bedeutet, den Notruf zu rufen, wenn es im Kneipenviertel zu einer Schlägerei kommt und man direkt dabeisteht. Zivilcourage meint, erste Hilfe und Beistand zu leisten, wenn man bei einem Verkehrsunfall zur Stelle ist. Zivilcourage heißt: für die Gemeinschaft einzutreten, indem man konkret für andere Menschen eintritt. Beherzt, mutig und nicht unbedingt ohne Risiko.

Zivilcourage heißt aber auch: für die Wahrheit einzutreten.

Einzutreten für die Wahrheit ist nämlich nichts anderes als ein Eintreten für die Gemeinschaft. Da sein für andere.

Das Zauberwort lautet »Gegenrede«.

Wir alle haben in einem freiheitlich-demokratischen Land zwar das Recht auf freie Meinungsäußerung. Dieses Recht bedeutet, dass der Staat nur in Sonderfällen in die kommunikativen Bewegungen seiner Bürger eingreift. Meinungsfreiheit ist wichtig, aber nicht absolut. Beleidigungen sind z. B. kein Ausdruck von Meinungsfreiheit. Meinungsfreiheit ist eines der zentralen Rechte, die unsere Freiheit ausmachen. Allerdings heißt Meinungsfreiheit nicht, dass wir das, was wir sagen dürfen, *unwidersprochen* sagen dürfen. Gegenrede ist Teil des Austauschs in einer offenen Gesellschaft.

Das Prinzip der Gegenrede ist umso wichtiger, wenn es um die Verteidigung des Wahrheitsglaubens geht. Gegenrede bedeutet nämlich, dann zu widersprechen, wenn Widerspruch geboten ist. Antifaktische, anti-intellektualistische und verschwörungstheoretische Denkweisen sind genau das: Anlässe zu widersprechen, weil ein Angriff stattfindet auf das Vertrauen in eine Wahrheit, die wir gemeinsam erkennen und die verbindlich ist. Falsche Toleranz für Unwahrheiten und Verschwörungstheorien bedeutet *Komplizenschaft*.

Der Historiker Paul Nolte formuliert es so:

»Am wichtigsten ist es, bei sich selber anzufangen: Zivilcourage. Nicht schweigen, wenn jemand im eigenen Umfeld – in der Familie, im Freundeskreis oder am Arbeitsplatz – seine Ressentiments und Verschwörungstheorien äußert, und sei es scheinbar harmlos und leichthin. ›Die Politiker lügen sowieso.‹ ›Die Flüchtlinge beuten sowieso nur unsern Sozialstaat aus, und an uns denkt niemand.‹ Dann sollten wir sagen: Du, das sehe ich anders! Aber das erfordert Mut.«[7]

Zivilcourage in diesem Sinne meint das beherzte Entgegentreten, wenn Sprecher im Sinne des toxischen Zweifels sprechen, also ohne Interesse an Fakten und einer plausiblen Beschreibung der Wirklichkeit. Wenn unwahre Sachen verbreitet werden. Wenn Inhalte propagiert werden, die vor ein paar Jahren noch nicht mit einer so großen Selbstverständlichkeit bzw. nur hinter vorgehaltener Hand geäußert wurden:

> »Die Presse wird aus dem Kanzleramt gesteuert.«
> »Deutschland ist kein souveräner Staat.«
> »Die Bevölkerung wird schleichend islamisiert.«
> »Flugzeuge versprühen geheime Giftstoffe im Auftrag der Mächtigen.«

Überzeugungen, die vor ein paar Jahren noch zu Recht mit Schmunzeln oder sogar Abscheu kommentiert wurden, werden heutzutage mit großer Selbstsicherheit in aller Öffentlichkeit vertreten.

Da muss widersprochen werden. Wer schweigt, also: nicht widerspricht, macht sich indirekt zum Kollaborateur jener, die das gesellschaftliche Klima durch ihre Gedanken vergiften.

Wer die konspirativen Erzählungen von der Lügenpresse oder vom Bevölkerungsaustausch unwidersprochen im Raum stehen lässt, macht sich mitverantwortlich, sollten Unentschlossene oder Uninformierte diesem Unsinn anheimfallen.

Gegenrede bedeutet natürlich nicht, den anderen als verrückten Verschwörungstheoretiker darzustellen – die Gegenrede hält *inhaltlich* dagegen. Es geht nicht um Widerworte, sondern um *Gegenargumente*.

Cool, dass du zu allem eine Meinung hast – aber nicht jede Meinung ist wertvoll.

Mark Zuckerberg, CEO von Facebook und selbst Jude, sorgte im Sommer 2018 für großes Befremden, als er dafür plädierte, Holocaustleugnungen auf Facebook nicht grundsätzlich zu löschen. Zuckerberg sagte, Menschen könnten auch mal falschliegen bzw. könnte es sich dabei ja auch um »unabsichtliche« Leugnung handeln, sprich: von jemandem, der es irgendwie nicht besser weiß (wir erinnern uns an die Unterscheidung zwischen »unwahr« und »unwahrhaftig«). Solche Meinungen solle man daher lieber tolerieren und stehenlassen, so der Facebook-Chef.

Fakt ist: Aussagen wie »Der Holocaust hat nicht stattgefunden wie berichtet« oder »Es gab keine Gaskammern« sind fester Bestandteil rechtsradikaler Verschwörungstheorien; und die allermeisten Holocaustleugner und Geschichtsrevisionisten wissen nicht nur ganz genau, was sie tun, sondern sie tun es auch sehr, sehr absichtlich.

Wenn menschenfeindliche Meinungen im Raum stehen, bleibt uns nur eines übrig: Widerspruch!

Anhänger der Chemtrail-Verschwörungstheorie sollen mir z. B. bitte erklären, weswegen man, wenn man schon seine Bevölkerung per Giftstoffe beeinflusst, dies dann mit sichtbaren Chemikalien tut. Es gibt ja weiß Gott genug Mittel, die unsichtbar in der Luft sind; Partikel, die man nicht sieht, die aber dennoch einen Effekt haben.

Hier findet sich ein allgemeiner Punkt, den man im Gespräch mit Verschwörungstheoretikern eigentlich immer ansprechen kann: Wieso hinterlassen die Verschwörer – sei es nun die Regierung, die Illuminaten, die Juden oder sonst wer – immer so viele Hinweise auf ihre angeblich so mächtig ausgeführten geheimen Machenschaften und Manipulationen? Als nahezu allmächtiger Verschwörer mit bösen Absichten könnte man doch wenigstens so präzise arbeiten, dass nicht jeder Hobbydetektiv mit Internetanschluss nach zwei YouTube-Videos sieht, dass der 11. September ein Inside Job oder der Anschlag auf den Breitscheidplatz lediglich fingiert ist – oder etwa nicht?

These 5 lautet: Wer sich auf die Seite der Wahrheit schlägt, sollte dies nicht nur gedanklich, sondern ganz praktisch tun, indem er jenen, die es mit der Wahrheit nicht so genau nehmen, entgegentritt; bestenfalls sowohl mutig und entschlossen als auch gut informiert und höflich.

Ein Ende ohne letzte Wahrheit:
Abschlussbemerkungen

Mit der Wahrheit ist das so eine Sache. Jeder denkt, sie für sich gepachtet zu haben. Mir, Ihnen, Donald Trump; uns allen ist die eigene Weltsicht nicht nur am nächsten, sondern am liebsten. Verschwörungstheoretiker, Betrüger, Wirklichkeitsverleugner – das sind immer die anderen. Zumindest lautet so die gefühlte Wahrheit über die gefühlte Wahrheit. Wir haben allerdings gesehen: Gefühlte Wahrheiten sind wenig wert. Es gibt bessere Beschreibungen der Wirklichkeit und schlechtere. Verschwörungstheorien gehören zu den schlechteren. Egal wie innig man sie fühlt.

Jeder von uns hat seinen eigenen Kopf, seinen eigenen Geist. Uneinigkeit herrscht darüber, wie man Kopf und Geist am besten benutzt.

Was wir als Wahrheit anerkennen, ist letztlich mehr als eine rein philosophische Frage. Was ist, ist keine Ansichtssache. Es geht um die bestmögliche, um die angemessene Beschreibung der Realität. Eine Annäherung an die Wirklichkeit mit Worten. Die kann mal mehr gelingen, mal weniger. Fest steht: *Jede* Wirklichkeitsbeschreibung hat realpolitische Konsequenzen. Wie wir die Welt denken, betrifft unser Miteinander; und, in vielen Fällen, unser Gegeneinander. Wer Politiker hasst, weil sie angeblich täuschen, wer Medien hasst, weil sie lügen, wer Flüchtlinge hasst, weil sie angeblich Teil eines großen Komplotts gegen die einheimische Bevölkerung sind, der wird diese Überzeugungen in sein Handeln einfließen lassen.

Gedanken sind nicht harmlos.

Bei rechten Demonstrationen ist der folgende Reim beliebt: »Lügenpresse / auf die Fresse«. Dies wäre nur ein aggressiver Reim und nicht mehr, würden wir uns nicht mit der Tatsache konfrontiert sehen, dass tatsächlich Journalisten, die über rechtspopulistische Demonstrationen und Aufmärsche berichten, regelmäßig aggressiv angegangen, bedroht oder gar körperlich verletzt werden. »Lügenpresse / auf die Fresse« ist für manche Extremisten viel mehr reales Programm als abstraktes Motto.

Es wird also immer deutlicher, dass Fragen der Wahrheit und des angemessenen Verständnisses von Wirklichkeit unser Zusammenleben fundamental bestimmen. Das gilt sowohl für uns als Individuen als auch für uns als Gesellschaft, ja: sogar für uns als *Weltgemeinschaft*. Festhalten lässt sich außerdem, dass die Neigung zum verschwörerischen Denken menschlich und keineswegs neu ist; und insofern auch nachvollziehbar. Dennoch ist Verschwörungsdenken vor allem eines:

Liebe zur Spekulation.

Liebe zur Spekulation ohne Rücksicht auf Fakten, ohne Rücksicht auf die Folgen. Deshalb sind Verschwörungstheorien so gefährlich. Weil sie unser Miteinander vergiften, indem sie die Einstellungen und Gedanken unserer Mitmenschen von einer angemessenen, weil möglichst faktenbasierten Beschreibung der Wirklichkeit weg- und in die Hände jener treiben, die hinter jeder Ecke Mordkomplotte, Giftanschläge und betrügerische Schauspielerei vermuten. *Wirklichkeit ist das, was wirkt.* Wirkung heißt aber auch: *Wirkung für uns alle.*

Was ist aber nun eigentlich mit »echten Verschwörungen«? Man könnte nämlich schnell auf den Gedanken kommen:

»Was redet der Skudlarek denn? Es gibt doch echte Verschwörungen. Watergate, Panama Papers, VW-Opel-Porsche-Abgasskandal. Geheimdienste, die ihr Unwesen treiben. Doping im Leistungssport. Cum-Ex-Finanzbetrug. Alles echte Fälle kollektiver Manipulation. Wieso redet er dann von Verschwörungstheorien, als seien ihre Gegenstände so real wie der Weihnachtsmann, Harry Potter oder der Wolpertinger?«

Die Antwort ist einfacher, als man denkt. Denn: Ich widerspreche in diesem Falle keineswegs. Es ist nicht so, dass wir uns immer zu Unrecht getäuscht fühlen; es ist nicht so, dass wir jedem trauen sollten; es ist nicht so, dass die Mächtigen nur Gutes im Schilde führen. Natürlich gibt es Betrügereien, Täuschungen und Komplotte. Ganze Gruppen haben bisweilen heimliche, moralisch verwerfliche Absichten (Terroristen z. B. – oder Lobbyisten). Wenn ich in diesem Buch eines *nicht* getan habe, dann gesagt: »Lehnt euch zurück, eure Befürchtungen sind Hirngespinste. In Wahrheit ist alles gut.«

Meine Absicht ist vielmehr, aufzuzeigen, dass Verschwörungstheorien *kein angemessenes Erkenntnismittel* sind. Sie sind es deswegen nicht, weil sie von Beginn an und ohne Möglichkeit der Umorientierung eine belegbare, faktische, plausible Erklärungsebene vernachlässigen zugunsten einer spekulativen, antifaktischen, ideologischen Erklärungsebene der Wirklichkeit. Negatives Wunschdenken, quasi. Befürchtungsdenken. Man erzählt von seinen Feinden und erzählt im Brustton der Überzeugung, was die wohl gerade so treiben (obwohl man sie im Moment gar nicht sieht; sie gar nicht persönlich kennt; und in manchen Fällen sogar nicht einmal weiß, *ob sie überhaupt wirklich existieren*). Diese Denkweise ist kein probates, also wahrheitsförderndes Erkenntnisvorgehen. Wer sich für die Wahrheit interessiert, interessiert sich offenen Geistes für eine – auch allgemein, also sozial! – als plausibel und nachvollziehbar empfundene, nicht zuletzt wissenschaftliche Beschreibung der Realität.

Aber die »echten Verschwörungen«? Sind die denn nicht Beweis genug? Ein Beleg dafür, dass Verschwörungstheoretiker an etwas Wichtigem dran sind?

Nein. Sind sie nicht.

Jedenfalls nicht Beweis genug dafür, dass Verschwörungstheorien sinnvolle Wege der Wirklichkeitsbeschreibung sind.

Die Sache ist nämlich so: Blindes Herumstochern hat selten zu nennenswertem Erfolg geführt. Selbst wenn sich eine Spe-

Authentisches Bildmaterial.

kulation später als wahr herausstellt: Es besteht ein fundamentaler Unterschied darin, *ob ich korrekt rate*, dass du 17 Münzen in
deinem Portemonnaie hast, *oder ob ich weiß*, dass du 17 Münzen
in deinem Portemonnaie hast. Ich kann auch den Stand meines
Stromzählers oder die Lottozahlen von nächster Woche mit

sehr viel Glück richtig raten. Na, und? Sollte sich zufällig und unwahrscheinlicherweise eine spekulative Theorie als passend herausstellen (es gibt da den wundervollen Film *Fletchers Visionen* oder auch *Die drei Tage des Condor*), ist dies kein Argument für den Einsatz spekulativer Theorien. Raten und Wissen sind grundverschiedene Dinge. Erschließen, herausfinden, erfahren – es gibt viele Wege, die zu Wissen führen; und sie alle sind besser als pure Spekulation.

Mit einem hat Donald Trump übrigens recht: Eine Hexenjagd sollte niemand wollen. Eine Hexenjagd ist ein wahrheitsfeindliches Unterfangen. Doch: Was eine Hexenjagd ist und was nicht, das entscheidet niemals eine Einzelperson. Auch nicht Donald Trump.

Warum? Weil Wahrheit immer auch ein soziales Konzept ist, egal, welchen Ansatz man vertritt. Ob es z. B. Hexen gibt oder nicht (sei es buchstäblich als Zauberer oder metaphorisch als Strippenzieher und Übeltäter), ist eine für alle interessante Frage. Das ist das Wesen von Fakten, das macht ihre Verbindlichkeit aus. Watergate, die Panama Papers oder der VW-Abgasskandal sind *nicht* ans Licht (der Wahrheit) gekommen, weil jemand irgendwie abstrakte Vermutungen angestellt hat über die bösen Absichten irgendwelcher Hintermänner.

Das wäre die Herangehensweise, die ich als toxischen Zweifel beschrieben habe.

Nein: Der VW-Abgasskandal wurde aufgedeckt, weil man empirisch nachgeprüft hat, dass die Abgaswerte bestimmter Autotypen signifikant über den Herstellerangaben lagen.

Die Panama Papers bzw. der Bericht über die organisierte und massive illegale Steuerflucht vieler Wohlhabender nach Panama wurden gemeinsam *erarbeitet*, indem ein internationales Recherchekollektiv über Monate und Monate auf Grundlage Tausender anonym zugespielter Bankdokumente nachforschte, wo welche Geldströme hingeflossen waren.

Der Watergate-Skandal ist nicht deshalb publik geworden, weil die Gegner Nixons ihn nicht mochten und deshalb irgendwelche Gerüchte über seine Machenschaften in die Welt setzten, die dann zufälligerweise stimmten. Er ist publik geworden, weil jemand beim Einbruch bzw. beim Stehlen von Informationen im Auftrag von Nixon erwischt wurde.[1] Es gab jeweils handfeste Beweise. Fakten. Wahrheiten.

Grundlage einer richtigen Deutung der Wirklichkeit war in diesen drei Fällen eine Kombination aus kritischer Beobachtung und plausibler, minutiöser, aufwendiger, anstrengender Nachforschung von Fachleuten und Experten, die sich immer wieder fragten, ob das, was sie herausgefunden hatten, auch tatsächlich der Wahrheit entspricht, die Wirklichkeit angemessen und plausibel wiedergibt. Die Lösung war nicht: konspirative Spekulation im eigenen Kämmerlein vorm PC-Bildschirm. Deswegen sind Verschwörungstheorien, so wie ich sie verstehe, falsch. Sobald sich eine Verschwörung »als wahr herausstellt«, ist es sinnvoll, die Wirklichkeit anders zu beschreiben. In solchen Fällen können wir guten Gewissens von »Täuschung«, »Komplott«, »Betrug«, »Fälschung«, »Manipulation« oder »organisierter Kriminalität« sprechen.

Lange Rede, kurzer Sinn: Wahre Verschwörungstheorien gibt es nicht. Wenn Verschwörungstheorien wahr sind, sind sie (und sei es aus der Rückschau) korrekte, angemessene Theorien.

Jetzt die Preisfrage.

Was tun gegen Unwahrheiten und Verschwörungstheorien? Gute Frage. Wichtige Frage. Wie wir gesehen haben, sind viele krude Ideen alles andere als unschädlich. Unwahrheiten können gefährlich sein. Es ist also geboten und an der Zeit, *etwas* zu tun.

Fragt sich nur: Was?

Vermutlich mit Blick auf rechte Verschwörungstheorien wie die des »Bevölkerungsaustauschs« bzw. der »Umvolkung«, die seitens AfD und Konsorten bedient werden, wenn es um die Flüchtlingspolitik der Bundesregierung geht, sprach sich der

Martha-Mitchell-Effekt

Der Begriff *Martha-Mitchell-Effekt* bezeichnet seit Ende der 1980er Jahre eine Fehldiagnose, die letztlich begründete Vorwürfe und Beobachtungen als bloße private Überzeugungen, Hirngespinste oder Wahnideen missversteht. Mitunter werden Menschen nämlich tatsächlich zu Unrecht zu Verschwörungstheoretikern abgestempelt, gerade weil sie als Erste – im Nachhinein auch von anderen als plausibel erachtete – Zusammenhänge erkennen und ausformulieren. Der Martha-Mitchell-Effekt ist quasi ein »Spinnereiverdacht«.

Diesen Effekt benannte der Psychologe Brendan Maher nach Martha Mitchell,[2] deren Vermutungen in Bezug auf US-Präsident Nixon u. a. von ihrem Ehemann, dem damaligen Justizminister und Wahlkampfmanager Nixons, geleugnet wurden, sich jedoch im Verlauf des Watergate-Skandals als wahr herausstellten.

FDP-Politiker Christian Lindner im Frühling 2018 für die Möglichkeit eines Untersuchungsausschusses aus, der die Migrationspolitik der Regierung genau unter die Lupe nehmen sollte. Dies geschah auch mit der Absicht, Verschwörungstheoretikern den argumentativen Boden unter den Füßen zu entziehen. Den Meinungen ein paar Fakten entgegenstellen, so der Vorschlag.

Die Idee ist meines Wissens nicht umgesetzt worden. War sie eine gute? Kann man Verschwörungstheoretikern gut mit Fakten begegnen? Sie durch Tatsachen bekehren?

Nein.

Oder zumindest: *Eher* nein.

Die Antwort dürfte mittlerweile bekannt sein. Der Denkfehler, den Christian Lindner begangen hat, ist der, davon auszugehen, Verschwörungstheoretiker und Liebhaber »gefühlter Wahrheiten« würden sich durch eine Konfrontation mit Fakten beeindrucken oder gar bekehren lassen.

Dies ist bei den Hardlinern keineswegs der Fall. Der Grund hierfür liegt in der antifaktischen Grundhaltung der Verschwörungsmentalität. Der Verschwörungstheoretiker kann sich unbegrenzt und unbekehrbar an seine Unwahrheitsbeschreibung der Welt klammern. Sein toxischer Zweifel ermöglicht es ihm, nichts von dem, was ihm die Gegenseite entgegenhält, zu glauben. Der Verschwörungstheoretiker ist ein seltsamer Fisch, der nicht beim Angler anbeißt, weil er längst einen anderen Köder geschluckt hat.

Hiermit spreche ich mich übrigens nicht gegen die Sinnhaftigkeit von Untersuchungsausschüssen aus. Fakten sind nach wie vor wichtig. Für uns Nicht-Verschwörungstheoretiker wäre ein solcher Untersuchungsausschuss sicherlich interessant und informativ. Aber als Instrument, einen Verschwörungstheoretiker zu bekehren? Keine Chance. Klappt nicht. Ganz schwierige Angelegenheit.

Was also tun?

Wenn eine Konfrontation mit Fakten und Tatsachen, die von Experten getragen werden, keine Option ist: Wie soll man sie dann zurückgewinnen? Die Verschwörungstheoretiker, die Liebhaber gefühlter Wahrheiten, die anti-intellektuellen Spekulanten?

Die Antwort lautet: Gar nicht.

Wie? Was soll das heißen, gar nicht?

Gar nicht heißt: Gar nicht.

Man kann sie nicht am Kragen zurückzerren ins Licht der Wahrheit. Ins Reich der Plausibilität.

Das heißt nicht: Kommunikationsabbruch mit jedem, der mir nicht in den Kram passt. Doch gemeint sind zumindest die Hardliner. Die Verschwörungsextremisten. Die orthodoxen Unwahrheitsgläubigen.

Die gute Nachricht: Nicht alle mögen das Geschwurbel von gefährlichen Impfungen und ebenso gefährlichen Kondensstreifen, von heimtückisch von der Regierung ermordeten Prominenten und stets im Staatsauftrag lügenden Medien. Den Eifer über den angeblich ausgedachten Klimawandel. Den Unsinn vom Umvolkungskomplott. Tatsache ist: Millionen von Menschen haben zwar von solchen Erzählungen gehört, glauben sie aber nicht wirklich. Oder wissen nicht so recht, was sie von ihnen halten sollen; fühlen sich unwohl. Oder sie stehen diesen Phantastereien achselzuckend gegenüber.

Genau bei ihnen müssen wir ansetzen.

Bei den Moderaten und den Neutralen, den Unentschlossenen, den Gleichgültigen und den Zweiflern. Sie sind nämlich, im Gegensatz zu den Extremisten, noch *erreichbar für den Dialog.* »Aufklärung sollte daher bei denjenigen ansetzen, die den Erklärungsangeboten von Verschwörungstheorien schon begegnet, aber davon noch nicht überzeugt sind«, schreibt Michael Butter, Professor für Amerikanistik und Verschwörungstheorie-Experte.[3] Ganz ähnlich sehen es die Psychologen Daniel Jolley und Karen Douglas. Sie konnten in zwei Studien nachweisen, dass man durchaus wirksam gegen verschwörerisches Impfgegner-Denken argumentieren kann – allerdings nur dann, wenn die Menschen, die man von den positiven Effekten des Impfens überzeugen will, nicht schon zuvor mit diesem Impfgegner-Verschwörungsdenken zu sehr in Kontakt waren.[4] Wie bei medizinischen Impfungen muss *vor dem Kontakt mit der eigentlichen Krankheit* geimpft werden, nicht erst danach. Denken wir zurück an die diskutierte fiktive Rauchmelder-Verschwörungstheorie: Einige Anhänger sind selbst dann nicht von ihr abzubringen, wenn man ihnen erklärt, dass man sich die Verschwörungstheorie höchstpersönlich ausgedacht hat. Die gefühlte Wahrheit wiegt schwerer als die tatsächliche. Also gilt These 5: Gegenrede! Zivilcourage! Unwahrheiten widersprechen! Und zwar: möglichst frühzeitig. Bevor sich der Irrsinn verfestigt. Mittlerweile ist hoffentlich deutlich, warum. Wegen der realen Folgen irrealer Gedanken. Wegen der Ansteckungsgefahr, wegen der *Viralität von Unwahrheiten*.

Weil Geschwurbel ein Problem ist, müssen wir jenen widersprechen, die Geschwurbel verbreiten.

Das Stichwort lautet: Prävention.

Eine sinnvolle Aufklärung darüber, was antifaktische Weltbeschreibungen und konspirative Denkweisen eigentlich sind und was sie anrichten, muss früh beginnen. Aus dem ganz einfachen Grund, weil es irgendwann zu spät ist. Was Hänschen nicht glaubt, glaubt Hans nimmermehr. Das gilt auch für Verschwörungstheorien. Also: Prävention.

Der Backfire-Effekt

Konfrontiert man Anhänger faktisch falscher Überzeugungen mit einer faktisch korrekten Gegenmeinung, geht das nicht immer gut. Niemand lässt sich gern korrigieren, niemand lässt seine Überzeugungen so leicht fallen. Im Gegenteil. Es kann sogar zu einem »Backfire-Effekt« kommen. Die Politikwissenschaftler Brendan Nyhan und Jason Reifler fanden beispielsweise heraus: Konfrontiert man US-amerikanische Konservative, die an die Existenz irakischer Massenvernichtungswaffen unter Saddam Hussein glaubten, mit der Tatsache, dass nie Beweise für Massenvernichtungswaffen gefunden wurden (und diese logischerweise kein Grund für den Irakkrieg sein konnten), kann es sein, dass dieser irrtümliche Glaube innerhalb der fraglichen Gruppe sogar *zunimmt*. Es kann also passieren, dass Menschen, die einem Irrtum aufsitzen, sich in ihre faktisch falsche Meinung geradezu verbeißen, obwohl sie mit durchaus schlüssigen Gegenbeweisen konfrontiert werden. Ursache sind oft Identitäts- und Ideologiegründe.

Schlimmstenfalls geht der argumentative Schuss nach hinten los: der Backfire-Effekt.[5]
Die Möglichkeit eines Backfire-Effekts darf uns aber nicht davon abhalten, weiterhin mit politischen Gegnern oder (halbwegs gemäßigten) Verschwörungstheoretikern zu reden. Und zwar im besten Falle behutsam, sachlich und fakten-orientiert.

Grundsätzlich ist die ganze Schulzeit nichts anderes als ein großer Lernweg, an dessen Ende unabhängig von der Schulform die Erkenntnis steht: Die Welt kann man auf unterschiedliche Arten betrachten und beschreiben. Naturwissenschaftlich-technische Beschreibungen der Wirklichkeit schließen geisteswissenschaftliche Beschreibungen keineswegs aus. Im Gegenteil: Sie ergänzen einander. Verschiedene Blickwinkel sind legitim, ja sogar wünschenswert und hilfreich. Man kann einen industriellen Ofen einerseits physikalisch bzw. chemisch erklären, also als Maschine, die z. B. aufbereitetes Eisenerz in flüssiges Roheisen verwandelt – oder als Symbol für die Industrialisierung und damit verbundenen radikalen gesellschaftlichen Wandel. Beide Beschreibungen sind richtig.

Besorgniserregenderweise sind Verschwörungstheorien aber auch bei jungen Menschen mit leidlich guter Schulbildung erfolgreich. (Über) ein Jahrzehnt voller Fakten, Bildung und systematischer Kompetenzentwicklung reicht offenbar nicht aus, um gegen intellektuelle Fehlgriffe zu immunisieren. Was kann man also verbessern?

Der Medienwissenschaftler Bernhard Pörksen hat eine »angewandte Irrtumswissenschaft« in die Diskussion um eine verbesserte Bildung und höhere Medienkompetenz junger Menschen eingebracht (im angelsächsischen Raum nennt man das *critical thinking*):

»Großthema und Lernziel wäre eine erkenntniskritische Sensibilisierung durch eine Disziplin, die ich als *angewandte Irrtumswissenschaft* bezeichnen möchte. Sie verdankt ihre Illustrationsbeispiele und Grundeinsichten der sozialpsychologischen Literatur zum Gruppen- und Bestätigungsdenken, der kasuistischen Analyse von Fälschungen und Fehleinschätzungen, dem historischen und epistemologischen Studium von Vorurteilen, von Manipulation und Persuasion. Ein solches Studium der Irrtumswissenschaft vermittelt Wissen, das davon handelt, wie Wissen zustande kommt und wie fehlerhaft und manipulationsanfällig die Wahrnehmung des Einzelnen oder auch ganzer Gruppen und Gesellschaften potenziell sein kann.«[6]

Das klingt kompliziert, doch der Mann hat recht! Sein Vorschlag ist vielversprechend und sinnvoll für eine Gesellschaft, in der wenige Menschen z. B. vom Bestätigungsfehler oder anderen kognitiven Verzerrungen wissen. In einer Gesellschaft, in der man sich gerne schnell gegenseitig zum »Realitätsverweigerer« abstempelt, sobald man die Meinung des Gegenübers nicht teilt.

Nicht zuletzt würde auf diese Weise auch das Problem der medialen Wahrheit angegangen. Wer nämlich versteht, wie die Presselandschaft funktioniert, schreit seltener »Lügenpresse!«. Bildung hilft gegen Verschwörungstheorien (wie gesagt empirisch belegt, siehe oben).

»Wenn eine Person dir sagt, dass es regnet, und eine zweite, dass die Sonne scheint – dann ist es nicht deine Aufgabe, beide zu zitieren. Deine Aufgabe ist es, aus dem verdammten Fenster zu schauen und herauszufinden, wer von beiden die Wahrheit sagt.«

Diese Aussage bringt die Wahrheitsfrage auf den Punkt und gibt die Kernaussage meines Buches gut wieder.[7] Dieser Ausspruch, der im Sommer 2018 als angebliches Zitat eines US-amerikanischen Journalismus-Dozenten im Internet viral ging, verkörpert alles Wesentliche, was hier über Wahrheit, Kommunikation und Fakten gesagt wurde.

Es gibt keine gefühlte Wahrheit darüber, ob es regnet oder nicht. Ähnlich wie es keine gefühlte Wahrheit bezüglich meiner Körpergröße in Zentimeter gibt. Klar, nicht alles lässt sich so eindeutig klären wie die Frage nach Regen oder Nicht-Regen. Oft streiten wir ja auch nicht auf dieser basalen Faktenebene. Wir streiten eine Ebene höher. Ob es gut ist, dass es regnet, oder schlecht. Für den Bauern, der gerade eine Trockenheitsperiode erlebt hat (wie viele Landwirte im Sommer 2018), ist ein ordentlicher Regenschauer eine gute Sache. Wenn ich für Freunde gerade eine Grillparty gebe, ist derselbe Regenschauer etwas anderes.

Wir müssen uns jedoch darauf einigen können, ob es gerade regnet oder nicht.

Apropos nasse Wahrheiten. David Foster Wallace formulierte folgendes Gleichnis:

Zwei junge Fische schwimmen so durch die Gegend. Aus der anderen Richtung kommt ihnen ein älterer Fisch entgegengeschwommen, der zum Gruß nickt und sagt: »Guten Morgen, Jungs. Wie ist das Wasser?« Dann schwimmen die beiden jungen Fische ein Stück weiter, bis der eine irgendwann den anderen anschaut und sagt: »Was zum Teufel ist ›Wasser‹«?[8]

Wir sind blind für manch grundlegende Wahrheit unserer Wirklichkeit. Was wir erkennen, erkennen wir mal alleine; vieles erkennen wir nur mit Hilfe von anderen. Würden die beiden jungen Fische eine Erklärung des älteren Fisches akzeptieren, die besagt, Wasser sei eine unsichtbare Substanz, die alle Fische umgibt, in der sie immer unbemerkt schwimmen, ohne die sie niemals leben können? Klingt etwas verrückt. Sollten die Jungen seinem Wort nicht glauben und der Alte sich Unterstützer herbeiholen: Wie viele ältere Fische wären als Gruppe glaubwürdig? Drei? Siebzehn? Würden die beiden Jungfische die Wasser-Erklärung vielleicht sogar für eine verrückte Verschwörungstheorie seniler Artgenossen halten?

Die Wahrheit ist: Es gibt Wahrheiten, die fühlen wir nicht. Wahrheiten, die unserem Gefühl für die Welt glatt widersprechen. Wahrheiten, die wir nur gemeinsam mit anderen erkennen. Wir müssen also aufmerksam bleiben. Das scheinbar Offensichtliche hinterfragen. Weiterschwimmen.

Wir alle sind auf der Suche nach der Wahrheit. Nach den passenden Beschreibungen unserer Wirklichkeit.

Wie Fox Mulder schon wusste: The Truth is out there.

Dies ist Wasser.

Nach allem, was Sie über Verschwörungstheorien gehört haben: Halten Sie mich für leichtgläubig? Für eine Marionette mächtiger Hintermänner? Sie möchten mir erklären, wie die Welt in Wahrheit aussieht? Gerne doch. Schreiben Sie mir bitte an **krisenschauspieler@gmail.com**. Ich lese jede E-Mail.

Unter **www.reclam.de/die_ganze_wahrheit** können Sie darüber hinaus per Selbsttest herausfinden, wie anfällig Sie für Verschwörungstheorien sind.

Anmerkungen

Die Wahrheit über das letzte Nudelsieb

1 »KH Nord: Projektleiterin wegen Eso-Ausgaben abgezogen«, 15. 3. 2018: https://kurier.at/chronik/wien/wiener-kh-nord-aufregung-um-energetische-reinigung/313.981.306

2 Zum Zusammenhang zwischen Verschwörungstheorien und autoritärem Nationalradikalismus siehe: Wilhelm Heitmeyer, *Autoritäre Versuchungen*, Berlin 2018, S. 318–322.

3 Fake News von @realDonaldTrump: https://twitter.com/search?l=&q=fake%20news%20from%3Arealdonaldtrump&src=typd&lang=de&lang=de

4 Defizite bei Impfquoten. Antwort der Bundesregierung auf die Kleine Anfrage des Abgeordneten Dr. Wieland Schinnenburg und der Fraktion der FDP – Drucksache 19/179 – (2017): http://dipbt.bundestag.de/doc/btd/19/003/1900320.pdf

5 Eckart von Hirschhausen / Vytenis Andriukaitis, »Wer sich nicht impfen lässt, ist ein asozialer Trittbrettfahrer«, 27. 4. 2018: https://www.welt.de/debatte/kommentare/article175833877/Eckart-von-Hirschhausen-Wer-sich-nicht-impfen-laesst-ist-ein-asozialer-Trittbrettfahrer.html

6 https://www.who.int/emergencies/ten-threats-to-global-health-in-2019

7 René Garzke, »Amazon: Holocaustleugnung frei Haus«, 8. 8. 2018: https://tinyurl.com/y7hvd6ym

8 Nick Fox, »The Alex Jones Presidency«, 25. 5. 2018: https://www.nytimes.com/2018/05/25/opinion/trump-alex-jones-conspiracy.html

Echte Probleme. Über Wahrheit und Echtheit

1 Die sogenannte »Truman-Show-Delusion« gibt es übrigens tatsächlich: Von ihr Betroffene meinen, alle beobachten sie vorzugsweise mit Kameras.

2 Tanjev Schultz, »Das große Munkeln: Zum Verhältnis von Journalismus und Verschwörungstheorien«, in: *Zeitschrift für Journalismusforschung* 2 (2018): http://journalistik.online/ausgabe-02-2018/das-grosse-munkeln/ Die Ergebnisse der Umfrage wurden hier veröffentlicht: Tanjev Schultz [u. a.], »Erosion des Vertrauens zwischen Medien und Publikum«, in: *Media Perspektiven* 5 (2017) S. 246–259.

3 Hasnain Kazim, »Treffe zufällig einen Leser persönlich«, öffentlicher Facebook-Eintrag, 31.7.2018: https://www.facebook.com/hasnain.kazim/posts/10155967682583264

4 Mark Hill / Lenny Pozner, »6 Horrifying Realities Of Dealing With Sandy Hook ›Truthers‹«, 26.4.2016: http://www.cracked.com/personal-experiences-2232-my-son-died-at-sandy-hook-conspiracy-nuts-think-im-lying.html

5 W. Gardner Selby, »Alex Jones said Sandy Hook slayings ›pretty much didn't happen‹«, 18.4.2018: https://www.politifact.com/texas/article/2018/apr/18/true-alex-jones-said-no-one-died-sandy-hook-elemen/ [Übers. J. S.]

6 Zit. nach Lenny Pozner (s. Anm. 4). [Übers. J. S.]

7 Lois Beckett, »Sandy Hook Conspiracy Theorist Gets Prison Time For Threatening Victim's Family«, 9.6.2017: https://www.theguardian.com/us-news/2017/jun/09/sandy-hook-conspiracy-theorist-death-threats-prison [Übers. J. S.]

V wie Verschwörung. Über Wahrheit und Manipulation

1 Das Robert-Koch-Institut beantwortet die wichtigsten Einwände zum Thema Impfen auf dieser Seite (es sind, Überraschung, nicht wenige verschwörungstheoretische Einwände): https://www.rki.de/DE/Content/Infekt/Impfen/Bedeutung/Schutzimpfungen_20_Einwaende.html

2 Impfgegner-Statistik: Reiner Wandler, »Frankreich hat größten Anteil von Impfgegnern«, 18.10.2016: https://www.heise.de/newsticker/meldung/Frankreich-hat-groessten-Anteil-von-Impfgegnern-3351833.html

3 Exemplarischer und populärer Verschwörungstheoretiker-Kommentar bei Spiegel Online zu einem Artikel über den Klimawandel: Marco Evers, »Ist das der Treibhauseffekt?«, 13.7.2018: https://tinyurl.com/y8a9yljf

4 »Klimawandel. Nur sechs Prozent der Deutschen sind Klimaskeptiker«, 13.8.2015: https://tinyurl.com/yb3rvx2n

5 Ergebnisse einer repräsentativen Umfrage zur medialen Vertrauenserosion unter Berücksichtigung von Verschwörungsaspekten: Tanjev Schultz [u.a.], »Erosion des Vertrauens zwischen Medien und Publikum?«, in: Media Perspektiven 5 (2017) S. 246–259, hier S. 256. Interessant sind auch die Statistiken von Tanjev Schultz [u.a.], »Conspi-

racy Theories, Media Cynicism and Political Radicalization. Findings from Germany«, 2017: https://www.researchgate.net/publication/316972649_Conspiracy_theories_media_cynicism_and_political_radicalization_Findings_from_Germany

6 Ebd.

7 »Warum die Zahl der ›Reichsbürger‹ rasant wächst«, 28.4.2018: https://www.welt.de/politik/deutschland/article175916927/Reichsbuerger-Warum-ihre-Zahl-rasant-waechst.html

8 Tanjev Schultz [u.a.], »Conspiracy Theories, Media Cynicism and Political Radicalization. Findings from Germany«, 2017: https://www.researchgate.net/publication/316972649_Conspiracy_theories_media_cynicism_and_political_radicalization_Findings_from_Germany

9 Michael J. Wood, »Some Dare Call It Conspiracy: Labeling Something a Conspiracy Theory Does Not Reduce Belief in It«, 6.8.2015: https://onlinelibrary.wiley.com/doi/full/10.1111/pops.12285

10 Psychologen sprechen in diesem Kontext auch von *intentionality bias* (›Absichtstendenz‹ bzw. ›Absichtsverzerrung‹). Siehe z. B. Rob Brotherton, *Suspicious Minds. Why We Believe in Conspiracy Theories*, Bloomsbury 2015, S. 188 ff.

11 Cass R. Sunstein / Adrian Vermeule, »Conspiracy Theories: Causes and Cures«, in: *The Journal of Political Philosophy* 17 (2009) Nr. 2, S. 202–227, hier S. 205 f.: https://onlinelibrary.wiley.com/doi/abs/10.1111/j.1467-9760.2008.00325.x

12 Mark Tran, »Secret Success: Equations Give Calculations for Keeping Conspiracies Quiet«, 26.1.2016: https://www.theguardian.com/science/2016/jan/26/secret-success-equations-give-calculations-for-keeping-conspiracies-quiet

13 Jeffrey Kluger, »Why Smart People Still Believe Conspiracy Theories«, 14.11.2017: http://time.com/5023383/conspiracy-theories-reasons-believe/

14 Über Entstehung, Entwicklung und Verbreitung von Verschwörungstheorien (und ihren Charakter als Massenphänomen) hat Michael Butter sehr Lesenswertes geschrieben: Michael Butter, *»Nichts ist, wie es scheint«. Über Verschwörungstheorien*, Berlin 2018. Alternativ siehe Brotherton 2015 (s. Anm. 10).

15 Gerhard Wisneweski, *Verheimlicht, vertuscht, vergessen. Was 2017 nicht in der Zeitung stand*, Rottenburg 2018, S. 34 f.

16 Roland Imhoff / Martin Bruder, »Speaking (un)truth to Power: Con-

spiracy Mentality as a Generalized Political Attitude«, in: *European Journal of Personality* 28 (2014), S. 25–43.

17 Siehe z. B. Jennifer A. Whitson / Adam D. Galinsky, »Lacking Control Increases Illusory Pattern Perception«, in: Science 322 (2008) Nr. 5898, S. 115–117; Jan-Willem van Prooijen, »Why Education Predicts Decreased Belief in Conspiracy Theories«, in: *Applied Cognitive Psychology* 3 (2007) S. 51.

18 Jan-Willem van Prooijen / Michele Acker, »The Influence of Control on Belief in Conspiracy Theories: Conceptual and Applied Extensions«, in: *Applied Cognitive Psychology* 29 (2015) S. 753–761.

19 Roland Imhoff, »Beyond (right-wing) Autoritarianism. Conspiracy Mentality as an Incremental Predictor of Prejudice«, in: *The Psychology of Conspiracy*, hrsg. von Michal Bilewicz / Aleksandra Cichocka / Wiktor Soral, London 2015, S. 122–141.

20 Roland Imhoff / Pia K. Lamberty, »Too Special to be Duped: Need for Uniqueness Motivates Conspiracy«, in: *European Journal of Social Psychology* 47 (2017) Nr. 6, S. 724–734; Anthony Lantian [u. a.], »›I Know Things They Don't Know!‹ The Role of Need for Uniqueness in Belief in Conspiracy Theories«, in: *Social Psychology* 48 (2017) Nr. 3, S. 160–173.

21 Imhoff/Lamberty 2017 (s. Anm. 20) [Übers. J. S.].

22 Jan-Willem van Prooijen / André P. M. Krouwel / Thomas V. Pollet, »Political Extremism Predicts Belief in Conspiracy Theories«, in: *Social Psychological and Personality Science* 6 (2015) Nr. 5, S. 570–578.

23 Jan-Willem van Prooijen, »Why Education Predicts Decreased Belief in Conspiracy Theories«, in: *Applied Cognitive Psychology* 31 (2017) S. 50–58.

24 Alexander Soros, »The Hate That Is Consuming Us«, 24. 10. 2018: https://www.nytimes.com/2018/10/24/opinion/george-soros-mailbox-bomb.html

25 https://twitter.com/jonswaine/status/1055175217641865216

26 https://twitter.com/realDonaldTrump/status/1055826295337172993

Aussage gegen Aussage. Über Fakten, Wissen, Psyche

1 Simone Dietz, *Die Kunst des Lügens*, Stuttgart 2017.

2 Ebd., S. 27.

3 Erwin Schrödinger, »Die gegenwärtige Situation in der Quantenmechanik«, in: *Die Naturwissenschaften* (1935) Nr. 48, § 5, S. 52.

4 William Shakespeare, *Hamlet*, übers. von Maik Hamburger / Adolf Dresen, mit einem Nachw. von Ulrike Draesner, Stuttgart ²2017, 8. Szene (III,1), S. 62.

5 Marko Kovic / Tobias Füchslin, »Probability and Conspirational Thinking«, 31. 7. 2017: https://osf.io/preprints/socarxiv/b6qtf/ [Übers. J. S.].

6 »So wenig Straftaten wie seit 1992 nicht mehr«, 8. 5. 2018: https://www.zdf.de/nachrichten/heute/kriminalstatistik-weniger-straftaten-registriert-100.html

7 Steven Pinker, *Gewalt: eine neue Geschichte der Menschheit*, übers. von Sebastian Vogel, Bonn 2011.

8 Hans Rosling, *Factfulness – wie wir lernen, die Welt so zu sehen, wie sie wirklich ist*, Berlin 2018.

9 https://twitter.com/realDonaldTrump/status/1054351078328885248

10 https://twitter.com/cspan/status/1054836588688084997?lang=de

11 Erin Durkin, »Trump Baselessly Claims Democrats are Behind Migrant Caravan«, 19. 10. 2018: https://www.theguardian.com/us-news/2018/oct/19/trump-migrant-caravan-mexico-border-democrat-blame-no-evidence

12 Maegan Vazquez, »Trump's Making the Migrant Caravan a Political Issue. Here Are the Facts«, 23. 10. 2018: https://edition.cnn.com/2018/10/22/politics/donald-trump-migrant-caravan-fact-check/index.html

13 Leonid Rozenblit / Frank Keil, »The Misunderstood Limits of Folk Science: An Illusion of Explanatory Depth«, in: *Cognitive Science* 26 (2002) S. 521–562.

14 Das Fahrrad-Zeichnen-Experiment geht auf die Kognitionspsychologin Rebecca Lawson zurück. Siehe Rebecca Lawson, »The Science of Cycology: Failures to Understand How Everyday Objects Work«, in: *Memory & Cognition* 34 (2006) Nr. 8, S. 1667–1675: https://link.springer.com/article/10.3758/BF03195929. Auch Künstler Gianluca Gimini bittet seine Mitmenschen seit Jahren, für ihn Fahrräder zu zeichnen. Der Zweirad-Enthusiast und Designer fertigt im Anschluss anhand ihrer Skizzen realistische 3D-Modelle am Computer an. Exakt nach Zeichnung. So entstehen fahrradähnliche, digitale Skulpturen. Das Kunstprojekt nennt sich »Velocipedia«. Mit den allermeisten dieser Velo-Kopfgeburten käme man nach einem Neubau exakt so weit, wie mit einer regulären Skulptur – nämlich keinen Meter.

15 Michael Wood / Karen Douglas / Robbie Sutton, »Dead and Alive: Beliefs in Contradictory Conspiracy Theories«, in: *Social Psychological and Personality Science* 3 (2012) Nr. 6, S. 767–773.

16 Das ergab eine repräsentative Umfrage aus dem Jahr 2016. Siehe Tanjev Schultz [u. a.], »Conspiracy Theories, Media Cynicism and Political Radicalization. Findings from Germany«, 2017: https://www. researchgate.net/publication/316972649_Conspiracy_theories_media_ cynicism_and_political_radicalization_Findings_from_Germany

17 Eine US-amerikanische Untersuchung ergab, dass über den Untersuchungszeitraum etwa die Hälfte der Test-Teilnehmer nicht wiederkehrte, um ihr Ergebnis abzuholen. Siehe Lisa B. Hightow [u. a.], »Failure to Return for HIV Posttest Counseling in an STD Clinic Population«, in: *AIDS Education and Prevention* 15 (2003) Nr. 3, S. 282–290: https://doi.org/10.1521/aeap.15.4.282.23826

18 Frauke Lüpke-Narberhaus, »Vornamen-Diskriminierung: ›Keiner will einen Ali im Team haben‹«, 26. 3. 2014: http://www.spiegel.de/ lebenundlernen/schule/auslaendische-vornamen-migranten- diskriminierung-durch-firmen-bestaetigt-a-960855.html

19 Ralph Hertwig / Christoph Engel, »Homo Ignorans: Deliberately Choosing Not to Know«, in: *Perspectives on Psychological Science* 11 (2016) Nr. 3, S. 359–372.

20 Daniel DeNicola, *Understanding Ignorance: The Surprising Impact of What We Don't Know*, Cambridge 2017, S. 84 ff.

21 Vgl. »Zwei Seelen wohnen, ach! in meiner Brust!«, Johann Wolfgang Goethe, *Faust. Der Tragödie Erster Teil*, Stuttgart 1986 [u. ö.] (Reclams Universal-Bibliothek. 1), V. 1112, S. 33.

Die realen Folgen. Über Wahrheit und Gesellschaft

1 Constantin Seibt, »Die Macht der Lüge in der Politik«, 30. 10. 2018: https://www.republik.ch/2018/10/30/die-macht-der-luege-in-der- politik

2 Glenn Kessler, »A Year of Unprecedented Deception: Trump Averaged 15 False Claims a Day in 2018«: http://www.washingtonpost. com/politics/2018/12/30/year-unprecedented-deception-trump- averaged-false-claims-day/?nodirect=on&utm_term=.4defb017f3af

3 Vgl. Thorsten Denkler / Glenn Kessler, »Trumps Lügen. ›Es ist deprimierend‹«, 3. 7. 2018: http://www.sueddeutsche.de/medien/interview- am-morgen-trumps-luegen-es-ist-deprimierend-1.4035989

4 Marcus Klöckner, »›Postfaktisch‹ ist Wort des Jahres 2016«, 9.12.2016: https://www.heise.de/tp/features/Postfaktisch-ist-Wort-des-Jahres-2016-3567402.html

5 Oliver Das Gupta mit Paul Nolte im Gespräch, »Wir haben Verschwö-rungstheorien zu lange wuchern lassen«, 4.5.2018: https://www.sueddeutsche.de/politik/paul-nolte-im-gespraech-wir-haben-verschwoerungstheorien-zu-lange-wuchern-lassen-1.3967170

6 Daniel Jolley / Karen M. Douglas, »The Social Consequences of Con-spiracism: Exposure to Conspiracy Theories Decreases Intentions to Engage in Politics and to Reduce One's Carbon Footprint«, in: *British Journal of Psychology* 105 (2014) Nr. 1, S. 35–56.

7 Daniel Jolley / Karen M. Douglas, »The Effects of Anti-Vaccine Con-spiracy Theories on Vaccination Intentions«, 20.2.2014: https://doi.org/10.1371/journal.pone.0089177

8 https://twitter.com/realdonaldtrump/status/749709462974435329?lang=de; https://twitter.com/realdonaldtrump/status/787699930718695425?lang=de

9 Dirk Jörke / Veith Selk, *Theorien des Populismus*, Hamburg 2017, S. 76.

10 https://twitter.com/realdonaldtrump/status/1037661562897682432?lang=de

11 https://twitter.com/realdonaldtrump/status/1029731513573822464?lang=de

12 https://twitter.com/realdonaldtrump/status/1034456273306243076?lang=de

13 https://twitter.com/gchaslot/status/967585220001058816?lang=de

14 YouTube verspricht im Januar 2019, den Video-Weiterleitungsalgo-rithmus so zu verbessern, dass zukünftig weniger Unwahrheiten und Verschwörungstheorien empfohlen werden. Ein überfälliger Schritt. Besser wäre allerdings: die Videos zu löschen. Siehe den offiziellen YouTube-Blog (25.1.2019): https://youtube.googleblog.com/2019/01/continuing-our-work-to-improve.html

15 Daniel DeNicola, »You Don't Have a Right to Believe Whatever You Want«, 14.5.2018: https://aeon.co/ideas/you-dont-have-a-right-to-believe-whatever-you-want-to [Übers. J. S.].

16 Walter Benjamin in seiner Rezension »Jemand meint. Zu Emmanuel Gorion, ›Ceterum Censeo‹«, in: W. B., *Gesammelte Schriften*, Bd. III, Frankfurt a. M. 1991, S. 360.

17 https://twitter.com/formschub/status/964053800565821441?
    lang=de

18 Andreas Voßkuhle, »Das Recht fühlt sich kalt an«, 2018: https://rp-
    online.de/politik/deutschland/andreas-vosskuhle-ueber-regierungs
    bildung-und-elitenhass_aid-17705947

19 Isaac Asimov, »A Cult of Ignorance«, in: *Newsweek*, 21.1.1980:
    https://aphelis.net/wp-content/uploads/2012/04/ASIMOV_1980_
    Cult_of_Ignorance.pdf [Übers. J. S.].

20 Jakob Simmank, »Impfgegner. Die Wissenschaft weiß es besser!«,
    21.8.2018: https://www.zeit.de/wissen/gesundheit/2018-08/impf
    gegner-dokumentation-eingeimpft-wissenschaft-kritik/komplett
    ansicht

Guter Zweifel, schlechter Zweifel

1 Immanuel Kant, »Beantwortung der Frage: Was ist Aufklärung?«, in:
   I. K., *Denken wagen. Der Weg aus der selbstverschuldeten Unmündig-
   keit*, Stuttgart 2017, S. 7.

2 Vgl. Sara E. Gorman / Jack M. Gorman, *Denying to the Grave: Why We
   Ignore the Facts that Will Save Us*, Oxford 2017, S. 135.

3 Ludwig Wittgenstein, *Philosophische Untersuchungen*, Berlin 2011,
   § 217.

4 Ludwig Wittgenstein, *Über Gewissheit*, Frankfurt a. M. 1990, § 192.

Nichts als die Wahrheit. Verteidigung eines sozialen Wahrheitsbegriffs

1 »No man is an *Iland*, intire of it selfe; every man is a peece of the
   Continent, a part of the *maine*; if a *Clod* bee washed away by the *Sea*,
   Europe is the lesse, as well as if a *Promontorie* were, as well as if a *Man-
   nor* of thy *friends* or of *thine owne* were; any mans *death* diminishes
   me, because I am involved in *Mankinde*«, John Donne, *Donne's Devo-
   tions*, Cambridge 1923.

2 https://twitter.com/realdonaldtrump/status/265895292191248385?
   lang=de

3 »Fake-News-Vorwurf gegen Medien. Trump verteidigt Putin-Gipfel
   gegen harte Kritik in den USA«, 17.7.2018: https://www.zeit.de/
   news/2018-07/17/trump-verteidigt-putin-gipfel-gegen-harte-kritik-
   in-den-usa-180717-99-184896

4 »Trump Says He Got Only One Word Wrong. Please Decide for Your-

self«, 17. 7. 2018: https://www.nytimes.com/interactive/2018/07/17/opinion/editorials/trump-putin-helsinki-summit-editorial.html

5 https://www.nbcnews.com/meet-the-press/video/conway-press-secretary-gave-alternative-facts-860142147643

6 Johannes Altmeyer / Christian Meier, »Roger Cohen: ›Verachtung ist ein Problem der liberalen Eliten‹«, 1. 11. 2017: https://www.welt.de/kultur/medien/article170214771/Verachtung-ist-ein-Problem-der-liberalen-Eliten.html.

7 Oliver Das Gupta im Gespräch mit Paul Nolte: »Wir haben Verschwörungstheorien zu lange wuchern lassen«, 4. 5. 2018: https://www.sueddeutsche.de/politik/paul-nolte-im-gespraech-wir-haben-verschwoerungstheorien-zu-lange-wuchern-lassen-1.3967170-3

Ein Ende ohne letzte Wahrheit: Abschlussbemerkungen

1 Egil Krogh, »The Break-In That History Forgot«, 30. 6. 2007: https://www.nytimes.com/2007/06/30/opinion/30krogh.html

2 Brendan Maher, »Language Disorders in Psychoses and Their Impact on Delusions«, in: M. Spitzer / F. A. Uehlein / G. Oepen (Hrsg.), *Psychopathology and Philosophy*, Berlin/Heidelberg 1988, S. 109–120.

3 Michael Butter, *»Nichts ist, wie es scheint«. Über Verschwörungstheorien*, Berlin 2018, S. 227 f.

4 Daniel Jolley / Karen M. Douglas, »The Effects of Anti-Vaccine Conspiracy Theories on Vaccination Intentions«, 20. 2. 2014: https://doi.org/10.1371/journal.pone.0089177

5 Brendan Nyhan / Jason Reifler, »When Corrections Fail: The Persistence of Political Misperceptions«, in: *Political Behavior* 32 (2010), Nr. 2, S. 303–330: https://doi.org/10.1007/s11109-010-9112-2

6 Bernhard Pörksen, *Die Große Gereiztheit. Wege aus der kollektiven Erregung*, München 2018, S. 207.

7 https://twitter.com/mikeokuda/status/1019964820618035200

8 Zit. nach: Jenna Krajeski, »This Is Water«, 19. 9. 2008: https://www.newyorker.com/books/page-turner/this-is-water [Übers. J. S.]